Dieses Buch gehört:

_____

_____

Das Kochbuch aus Oberösterreich

gesammelt und aufgeschrieben
von

Martha Wacha

verlegt von

Wolfgang Hölker

Die Illustrationen geben Alt-Linzer Ansichten und Speisekarten wieder; auch das Titelblatt des bekanntesten Linzer Kochbuches der Biedermeierzeit und eine Verpackung für die Linzer Torte.

ISBN: 3-88117-314-5
© 1981 Verlag Wolfgang Hölker
Martinistraße 2, D-4400 Münster
Alle Rechte vorbehalten, auch auszugsweise
Printed in W.-Germany by Druckhaus Cramer, Greven
Musterschutz angemeldet beim Amtsgericht Münster

Inhalt

	Einleitung	6–	7
fig. 1	Suppen und Suppeneinlagen	8–	14
fig. 2	Fleischspeisen, Wild, Geflügel	16–	26
fig. 3	Fischgerichte	28–	32
fig. 4	Innereien und Kleingerichte	34–	40
fig. 5	Pilze, Gemüse, Erdäpfelgerichte	42–	51
fig. 6	Nudeln und Nockerln	54–	60
fig. 7	Knödel	62–	72
fig. 8	Mehl- und Süßspeisen	74–	82
fig. 9	Torten und Schnitten	84–	92
fig. 10	Krapfen und Krapferln	94–	100
fig. 11	Strudel, Tascherln und Schmarrn	102–	108
fig. 12	Eierspeisen	110–	115
fig. 13	Getränke	116–	122
	ABC für Nicht-Oberösterreicher	126–	128

Einleitung

Oberösterreich gliedert sich in vier Viertel: das Mühlviertel, das Innviertel, das Hausruckviertel und das Traunviertel. Die Hauptstadt von Oberösterreich ist Linz.

Das Mühlviertel erhielt seinen Namen von den Flüssen, der großen und der kleinen Mühl. Das Klima dort ist rauh, der Boden karg, daher ist auch die Kost einfach und kräftig.

Das Innviertel ist ein sehr fruchtbares Hügelland. Zwei Drittel der Äcker tragen Getreide. Man nennt das Innviertel auch die Kornkammer des Landes. Dazu kommen bei manchen Bauern die Einnahmen aus der Rinder- und Schweinezucht. Daher leben die wohlhabenden Bauern des Innviertels in ansehnlichen Vierseithöfen, und ihr Speisezettel weist eine große Anzahl an verschiedenartigen Rezepten auf.

Das Hausruckviertel bezeichnet ein Bergland im oberösterreichischen Alpenvorland zwischen Inn und Traun, das Braunkohle als wichtige Erwerbsquelle abgebaut hat. Die Stadt Wels stellt mit der Landwirtschaftsmesse ein Zentrum für das reiche bäuerliche Umland dar.

Das Traunviertel, die oberösterreichische Landschaft der unteren Traun, ist sowohl ein fruchtbares Bauernland als auch ein dicht besiedeltes Industrieland, das vom Salzkammergut bis in das Stadtgebiet von Linz reicht. Der waldreiche Süden des heutigen Bundeslandes ist nicht nur Zentrum eines in die Urgeschichte zurückreichenden Salzbergbaus, dort leben auch Holzknechte und Jäger, die sich oft einfache, aber kräftige Speisen selbst zubereiten müssen.

Daß in den Kurorten desselben Gebietes die feinsten und weltberühmten Torten und Süßspeisen zubereitet werden, zeigt die kulinarische Spannweite Oberösterreichs.

Als geborene Innviertlerin ist es fast selbstverständlich, daß gerade die Kost des Innviertels nicht zu kurz kommen darf. Weil ich „Knödel" in jeder Form und aus jedem Teig überaus gerne esse (welcher Innviertler tut das nicht?), bitte ich alle Hausfrauen, mir zu verzeihen, falls zu viele Knödelrezepte aufscheinen sollten.

Linz wurde inzwischen — nach 25jährigem Aufenthalt hier — zu meiner zweiten Heimat, und daher werden auch die Linzer Torte, die Linzer Schnitten, Linzer Augen usw. nicht zu kurz kommen.

Als kleines Mädchen machte es mir viel Spaß, am Herd zu sitzen und meiner Mutter beim Kochen zuzusehen. Es interessierte mich sehr zu wissen, was sie da alles in die verschiedensten Speisen hineinrührte. Und viel, viel später, als ich meinen eigenen Haushalt hatte und zwei Kinder um den Herd liefen, versuchte ich manchmal, mir die eine oder andere Speise aus Mutters Kochbuch ins Gedächtnis zurückzurufen. Da gab es dann Schmarrn und Nudeln, Nockerln und Krapfen, leider nicht immer zur Freude meiner Familie. Doch meine geliebten Knödel wollten und wollen sie alle!

Probieren Sie's doch selbst einmal!
Ihre
Martha Wocha

fig. 1

Suppen und Suppeneinlagen

Die Suppen nahmen schon immer einen wichtigen Teil der Nahrung in unserem Land ein. Oft aß man sie als erste Mahlzeit des Tages in der Früh nach der Stallarbeit oder — wie es zum Beispiel im Inn- und Mühlviertel Sitte war — vormittags an Stelle der Jause. Früher war es auch noch Brauch, daß alle Leute am Hofe die Suppe aus einer großen Schüssel löffelten.

Brennsuppe oder Einbrennsuppe

Die Brennsuppe war eine beliebte Vormittags- oder Jausensuppe.

40 g Fett, ½ Schale Mehl, ½ Zwiebel, 1 l Wasser oder Suppe, Salz, Pfeffer, Lorbeerblatt, Zitronenschale, Essig, geschnittenes Schwarzbrot

Feingewiegte oder geschnittene Zwiebel läßt man in Fett goldgelb rösten, gibt das Mehl dazu und macht daraus eine dunkle Einbrenn, gießt mit Wasser oder Suppe auf, gibt Salz, Pfeffer, Lorbeerblatt, Zitronenschale und Essig dazu und läßt die Suppe gut aufkochen.

Brennsuppe wird sehr heiß über geschnittenes Schwarzbrot gegossen.

Eintropfsuppe

Rindsuppe, Salz, 1 Ei, Mehl nach Belieben

In die vorbereitete kochende Rindsuppe gießt man einen Tropfteig ein, den man aus einem Ei, Salz und soviel Mehl herstellt, bis der Teig so fest ist, daß er noch vom Gefäß rinnt.

Diese Suppe ist in 5 Minuten fertig und daher für jede Hausfrau zu empfehlen, die es sehr eilig hat.

Einmachsuppe

Kalbfleischreste, 2 Eßlöffel Fett, Wurzelwerk, 2 Eßlöffel Mehl zum Stauben, ½ l Suppe oder Wasser, Salz, 2 Semmeln

Reste von Kalbfleisch werden in Butter und Wurzelwerk angeröstet, dann gestaubt und mit Suppe oder Wasser aufgegossen. Dann salzt man und läßt die Suppe aufkochen. Als Einlage gibt man nudelig geschnittene Semmeln dazu.

Kartoffelsuppe

4 Kartoffeln, 1 Zwiebel, 2 Eßlöffel Mehl, Kümmel, Majoran, Salz, Pfeffer, 2 Eßlöffel Rahm, 2 Eßlöffel Fett

Die Kartoffeln werden geschält, würfelig geschnitten, in Salzwasser und Kümmel weich gekocht. Dann macht man aus Fett und Mehl eine lichte Einbrenn, gibt die feingeschnittene Zwiebel und Majoran dazu und läßt alles anlaufen, gießt dann mit Suppe oder Kartoffelwasser auf, gibt Salz und Pfeffer, Rahm und Kartoffeln hinein.

Schwammerlsuppe

300-500 g Pilze (Eierschwämme, Herrenpilze oder Maronenröhrlinge), 30 g Butter, 30 g Mehl, 1 Zwiebel, 1 l Suppe, Salz, Pfeffer, Zitronensaft, Petersilie

Butter erhitzen, die feingeschnittene Zwiebel und die geschnittenen Pilze rösten, mit Mehl stauben, mit Suppe aufgießen und ca. 20 Minuten kochen lassen. Zum Schluß würzen und mit Petersilie bestreuen.

Beuschelsuppe

Die Beuschelsuppe war im Mühl-, Traun- und Hausruckviertel eine sehr begehrte Vormittags- oder Jausensuppe.

1 Schweinsbeuschel, 250 g blättrig geschnittenes Wurzelwerk, 1 Zwiebel, Lorbeerblatt, Beizkraut, 1 Eßlöffel Fett, Pfefferkörner, Knoblauch (2 Zehen), Majoran, 3 Eßlöffel Mehl, Essig, 3 Eßlöffel Rahm

Das Beuschel wird mit dem Wurzelwerk in Salzwasser weich gekocht. Nach dem Erkalten schneidet man das Beuschel nudelig. Dann macht man aus Mehl und Fett eine dunkle Einbrenn, gibt die feingeschnittene Zwiebel hinein, die man aufschäumen läßt. Hernach kommen die verschiedenen Kräuter und der zerdrückte Knoblauch dazu. Man gießt mit dem Kochsud auf, fügt das geschnittene Beuschel bei und schmeckt zum Schluß mit Essig und Rahm ab.

Rahmsuppe

2 l Wasser, 1 Teelöffel Kümmel, Salz, ½ Becher Rahm, 3 Eßlöffel Mehl, gebähte Semmelwürfel

Man kocht Wasser, Kümmel und Salz und seiht die Flüssigkeit ab. Dann wird das Mehl mit dem Rahm versprudelt und in die kochende Suppe eingerührt. Als Einlage nimmt man gebähte Semmelwürfel.

Diese Rahmsuppe wird im Innviertel oft als Krankensuppe verwendet.

Kohlsuppe

½ Häuptel Kohl, 1 Zwiebel, Öl, 2 Eßlöffel Mehl, Salz, Pfeffer, 1 Kartoffel

Der Kohl wird gewaschen, nudelig geschnitten, in Öl mit der gehackten Zwiebel gedünstet, gestaubt, aufgegossen, gesalzen und gepfeffert. Dann gibt man die geschälte, kleinwürfelig geschnittene Kartoffel in die Suppe und läßt sie sehr gut kochen.

Reibgerstlsuppe

200 g Mehl, 2 Eier, Salz, 2 l Suppe

Aus Mehl, Eiern und Salz macht man einen sehr festen Teig, den man auf einem Reibeisen reibt, trocknen läßt und in die kochende Suppe gibt.

Panadelsuppe

1 l Wasser, 150 g Semmeln, Pfeffer, Salz, 1 Eidotter

Abgerindete Semmeln werden mit etwas Suppe oder kaltem Wasser aufgegossen, gekocht und versprudelt. Dann gießt man das restliche Wasser zu, schmeckt mit Pfeffer und Salz ab und legiert die Suppe mit einem Eidotter.

Hirnsuppe

50 g Butter, 60 g Mehl, Petersilie, Salz und Pfeffer, 150-200 g Hirn, Zitronenschale, 1 l Suppe, Semmelwürfel

Aus Butter und Mehl macht man eine lichte Einmach, gibt Petersilie und das zerrührte Hirn hinein, gießt mit Suppe auf und schmeckt mit Salz, Pfeffer und Zitronenschale ab. Die Suppe serviert man mit gerösteten Semmelwürfeln.

Frittatensuppe

80 g Mehl, ⅛ l Milch, Salz, 1 Ei, 2 l Suppe

Aus Mehl, Milch, Salz und Ei rührt man einen flüssigen Teig. Dann gibt man in eine heiße Pfanne Öl, gießt den Teig dünn ein und bäckt ihn beidseitig goldbraun. Erkaltet, rollt man den Teig zusammen, schneidet ihn feinnudelig und gibt ihn in die Suppe.

Leberknödelsuppe

200 g Leber, 1 Ei, 3 Semmeln, 2 Eßlöffel Fett, 1-2 Eßlöffel Brösel, Milch, feingehackte Zwiebel, Petersilie, Salz, Pfeffer, Majoran, Knoblauch, 2 l Suppe

Zuerst wird die Leber geschabt oder durch die Fleischmaschine getrieben. Dann werden die Semmeln in Milch erweicht, gut ausgedrückt und mit der in Fett gerösteten Zwiebel und grüner Petersilie, dem Ei, Salz, Pfeffer, Majoran und den Semmelbröseln vermischt. Dazu die Leber geben. Dann formt man aus der Masse Knödel, die in der siedenden Suppe aufgekocht werden.

Man kann die Leberknödel auch vorher in heißem Fett dunkelbraun backen. Dazu werden aus demselben Teig mit nassen Händen Knödel geformt und diese in Semmelbrösel gewälzt. Vor dem Servieren läßt man die Leberknödel ca. 10 Minuten in der heißen Suppe ziehen.

Zwiebacksuppe (als Diätsuppe)

20 g Zwieback, ¼ l Wasser, Salz, 25 g Butter, Zucker, 1 Eidotter

Der Zwieback wird in Wasser eingeweicht und gekocht. Dann gibt man Salz, Butter und Zucker dazu und kocht noch einmal auf. Zum Schluß legiert man die Suppe mit einem Eidotter.

Grießsuppe (als Diätsuppe)

⅜ l Milch, Salz, 30 g Butter, 5 g Zucker, 1 Eßlöffel Grieß

Man kocht die Milch und salzt sie, fügt Butter und Zucker bei, rührt den Grieß ein und läßt ihn langsam kochen.

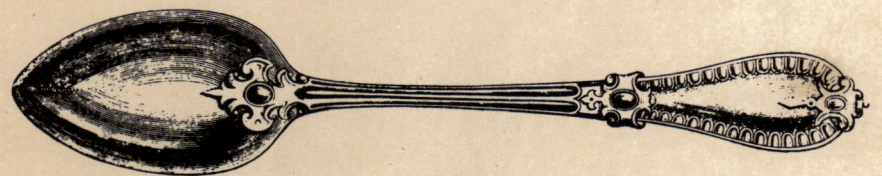

Notizen & weitere Rezepte:

fig. 2

Fleischspeisen, Wild, Geflügel

Die Bauern ob der Enns ernährten sich hauptsächlich von dem, was Haus und Feld hergaben. Die Kost war daher einfach, vor allem hinsichtlich der Fleischspeisen.

In Viehzuchtgebieten oder auf reichen Höfen schlachtete man außer Schweinen meist ein bis zwei Rinder für den Hausgebrauch im Jahr. Hier gab es an zwei, drei oder vier Tagen der Woche — außer an Freitagen und anderen Fasttagen — ein Stück Fleisch, meist mit Knödeln, dem überall üblichen Sauerkraut, mit Rüben oder im Sommer mit Salat.

Geflügel kam früher nur zu den Festtagen auf den Tisch; die Versorgung mit Wild hing vom Jagdrecht oder der Bekanntschaft mit den ortsansässigen Jägern (oder Wilderern!) ab. Auch in den Städten gab es Wild nur zu den Festtagen und selbstverständlich nur zur Jagdzeit.

Rauberbraten (oberes Mühlviertel)

Der Rauberbraten bekam seinen Namen von der Füllung, die man aus dem Feld und Gemüsegarten „rauberte". Für diese Fülle nahm man Zwiebeln, Karotten, Kohlrabi, Essiggurken und Paprikaschoten, also alles, was gerade im Garten wuchs und für die Hausfrau schnell greifbar war.

4 Rostbraten, Pfeffer, Salz, Senf, 4 Zwiebelscheiben, 4 Weißbrotschnitten, 4 dünne Speckscheiben, 4 Essiggurken, 4 Paprikastreifen, 4 Karotten, 1 Stück Kohlrabi, verschiedenes Wurzelwerk (Petersilie, Sellerie), Rindsuppe, 3 Eßlöffel Rahm

Die Rostbraten werden geklopft, gesalzen, gepfeffert, mit Senf bestrichen und mit einer dünnen Speckscheibe, einer Weißbrotschnitte, einer Zwiebelscheibe, einem Essiggurkerl und einer Karotte oder Kohlrabischeibe belegt und mit einer zweiten Brot- und Speckscheibe zugedeckt. Man wickelt das Fleisch zu einer Roulade, die man mit Zwirn oder mit 2 Zahnstochern zusammenbindet bzw. -steckt. Dann brät man die Rouladen mit Speckwürfeln braun an, gießt mit Rindsuppe auf und dünstet den Rauberbraten mit dem Wurzelwerk weich. Zum Schluß verfeinert man die Soße mit Rahm.

Als Beilage nimmt man Semmelknödel oder Bandnudeln.

Krenfleisch aus der Schärdinger Gegend

Im Innviertel, das früher bayerisch war und 1779 zu Österreich kam, haben sich viele bayerische Eßgewohnheiten erhalten. Unter anderem auch das Krenfleisch als Jause.

1 kg Kopffleisch, 4 Zwiebeln, Essig, Salz, Pfefferkörner, Wacholderbeeren, Lorbeerblatt, Beizkraut, 4 gelbe Rüben (gerieben), Kren

Kopffleisch und Gewürze 1 bis 1½ Stunden kochen. Das Fleisch dann herausnehmen und in eine Schüssel geben. Mit der Suppe gießt man das Gemüse über das Fleisch und streut geriebenen Kren nach Bedarf darauf.

Innviertler Krenfleisch

750 g Schweinefleisch (Jungschweinernes, Schulter mit Schwarte, Bauchfleisch oder ½ Schweinskopf mit Rüssel und Zunge), 300 g Wurzelwerk (Karotte, Petersilwurzel, Sellerieknolle), 1 geschnittene Zwiebel, Pfefferkörner, 2 zerdrückte Knoblauchzehen, ½ Lorbeerblatt, Salz, 1 Eßlöffel Essig, 100 g Kren

Das Fleisch wird in kaltem Wasser auf das Feuer gestellt, gesalzen und mit den Gewürzen etwa 1½ Stunden langsam gekocht. Zuletzt mit Essig säubern und abschmecken.

Serviert wird das Fleisch in dicke Scheiben geschnitten, mit Wurzelwerk bestreut und mit Kochsud übergossen. Obenauf gibt man den geriebenen Kren.

In Oberösterreich werden auf diese Art gekochte oder gesurte Schweinsrippen zubereitet. Dazu serviert man Semmelkren und in Palatschinkenteig getauchte, in Schmalz gebackene Brotschnitten, die auf die angerichteten Fleischstücke gelegt werden.

Gekochter Schweinskopf

500 g Schweinskopf mit Rüssel, Salz, ½ Knoblauchzehe, 4 Pfefferkörner, ½ Lorbeerblatt, Wurzelwerk, 1 Zwiebel, Kren

Der Schweinskopf wird gewaschen und ca. 1½ Stunden mit den Gewürzen, Knoblauch und Salz gekocht. 15 Minuten vor dem Ende der Kochzeit sollen das geschnittene Wurzelwerk und die Zwiebel beigegeben werden. Wenn das Fleisch weich ist, den Schweinskopf herausnehmen, das Fleisch von den Knochen lösen, in fingerdicke Stücke schneiden, mit Wurzelwerk und geriebenem Kren bestreuen. Die Suppe darübergießen und mit Salzkartoffeln servieren.

Diese Speise wurde gerne in der Silvesternacht oder am Neujahrstag gegessen. Man kann dazu auch Linsen servieren.

Geschnetzeltes Kalbfleisch

500 g Kalbfleisch, 100 g Butter, 1 feingehackte Zwiebel, 50 g Champignons, Salz, Pfeffer, Paprika, 1/8 l Wasser, 1/8 l Rahm, Zitronensaft, 1 Eßlöffel Mehl

Das Kalbfleisch schneidet man in dünne Scheiben und würzt es mit Salz, Pfeffer und Paprika. Die Zwiebel wird in Butter angebraten, dann gibt man das Fleisch und die geschnittenen Champignons dazu, röstet gut durch, gießt den Bratensaft mit Wasser auf und verfeinert zum Schluß mit einem „Rahmgmachtl" (Rahm mit Mehl verrührt) und etwas Zitronensaft.

Dazu schmecken Petersilkartoffeln und Gurken- oder gemischter Salat sehr gut.

Faschierter Jägerbraten

500 g Faschiertes, 100 g geschnittene Champignons, 50 g Speckwürfel, 1 Zwiebel, Petersilie, 2 Eßlöffel Rahm, Öl, 1/4 l Wasser

Man läßt die Speckwürfel in etwas Öl anbraten, gibt die gewürfelte Zwiebel, die Champignons und Petersilie dazu und läßt alles dünsten. Dann mischt man das Faschierte unter die Masse und formt alles zu einem Stritzel, den man in eine befettete Pfanne gibt und im Rohr braten läßt. Der Bratenrückstand wird mit Wasser aufgegossen und mit einem „Rahmgmachtl" (Mehl und Rahm verrührt) verfeinert.

Linzer Eintopf

300 g Nierndl oder Leber, 250 g Wurst, 250 g Schwämme, 2 Zwiebeln, 2 Eßlöffel Mehl, Salz, Pfeffer, Majoran, 100 g Speck, 2 l Wasser, 5 Kohlrabi, 1 Messerspitze Paprika, 10 g Fett und 1 Spritzer Essig

Nierndl oder Leber, Wurst und Schwämme werden blättrig geschnitten und mit den feingehackten Zwiebeln, 2 Eßlöffeln Mehl, Salz, Pfeffer und Majoran vermischt. Den Speck röstet man glasig, gibt das Gemenge hinein und gießt mit 2 l Wasser auf. Die feinblättrig geschnittenen Kohlrabi werden in Salzwasser weich gekocht und dazu gemischt. Vor dem Anrichten läßt man eine Messerspitze Paprika in 10 g Fett anlaufen und mischt dies mit einem Spritzer Essig in die Speise.

Steyrer Flößerbraten

1 kg gesurter Schopfbraten, 2 Zehen Knoblauch, Salz, Wacholderbeeren und Pfefferkörner, Rosmarinpulver, Kümmel, Paprika, Öl

Aus Salz, Knoblauch, Wacholderbeeren, Pfefferkörnern, Rosmarinpulver, Kümmel, Paprika und dem Öl bereitet man eine Gewürzmischung und bestreicht damit den Schopfbraten. Das Fleisch wird nun entweder am Holzkohlenfeuer oder im Backrohr gegrillt, möglichst über Tannenrauch. Das geräucherte Fleisch sollte in Schweineschmalz auf allen Seiten kurz angebraten werden. Als Beilage nimmt man Krautsalat oder Specklinsen.

Der Braten ist auch kalt als Brettljause sehr zu empfehlen.

Ein altes Rezept, wieder belebt, das viele neue Freunde gefunden hat!

Kremstaler Mostbraten

Im oberösterreichischen Kremstal gedeiht ein sehr guter Most. Daher verwendet man ihn dort zum Verfeinern von Rinderbraten- und Schweinebratensaft.

750 g Schopfbraten, Salz, Pfeffer, Speckscheiben, Essig, ¼ l Most

Der Braten wird gesalzen, gepfeffert, mit Speckstreifen umhüllt und angebraten. Dann nimmt man das Fleisch heraus, gibt einen Schuß Essig in die Soße, gießt mit Most auf und dünstet das Fleisch im Saft gar.

Fasan, gespickt

Fasan, 50 g Spickspeck, 5-6 Zehen Knoblauch, Salz, Pfeffer, Öl oder Fett, 50 g Butter, ⅛ l Wasser, ⅛ l Rahm, 1 Eßlöffel Mehl

Der Fasan wird eingesalzen, Brust und Schenkel werden reichlich mit Speck, Butterstückerln und Knoblauchzehen gespickt, mit Pfeffer eingerieben und gebraten (in Öl oder Fett). Bratenfett mit Wasser aufgießen und mit einem „Gmachtl", bestehend aus einem Eßlöffel Mehl und ⅛ l Sauerrahm, verfeinern.

Als Beilage gibt man Blaukraut und Semmelknödel.

Gespickter Reh- oder Hasenrücken

Ca. 800 g Reh- oder Hasenrücken, 50 g Spickspeck, 5-6 Zehen Knoblauch, Salz, Pfeffer, 50 g Butter, Öl oder Fett, ⅛ l Wasser, ⅛ l Rahm, 1 Eßlöffel Mehl

Den Reh- oder Hasenrücken salzen, pfeffern, mit Speck, Butterstückerln und Knoblauchzehen spicken und in heißem Öl oder Fett (im Rohr) ca. 1 bis 1½ Stunden braten. Bratenfett mit Wasser aufgießen, und zum Schluß mit einem „Gmachtl" aus einem Eßlöffel Mehl und dem Sauerrahm den Saft verfeinern und aufkochen.

Dazu gibt man als Beilage Bandnudeln und Preiselbeermarmelade.

Gebackene Hühnerleber

400 g Hühnerleber, Salz, Mehl, Brösel, 1-2 Eier, Fett zum Backen

Die Hühnerleber wird gesalzen, in Mehl, Ei und Brösel gewendet und in heißem Fett ausgebacken.

Als Beilage wird Kartoffelsalat empfohlen

Gansleber mit Reis

450 g Leber, einige Scheiben Speck, 1 Zwiebel, 80 g Butter, 1 Karotte, Salz, Pfeffer, 1/8 l Obers, Semmelbrösel, Suppe
200 g Reis, 30 g Butter, Petersilie, 1 Zwiebel, Salz

Die Gansleber wird gesalzen, gepfeffert und mit Speckscheiben umwickelt. In eine befettete Pfanne legt man die geschnittene Zwiebel und Karotte, gibt darauf die Leber, übergießt mit Obers, streut Semmelbrösel darüber und beträufelt alles mit Butter. Im Rohr läßt man die Speise ca. 45 Minuten zugedeckt braten. (Eventuell während des Bratens mit Suppe übergießen.)

Der Reis wird mit gehackter Petersilie in Butter angeröstet, mit Wasser aufgegossen, eine Zwiebel dazugegeben, gesalzen und gedünstet.

Die Leber wird zum Schluß auf dem angerichteten Reis serviert.

Gebratene Ente

1 Ente, Salz, Majoran, 1 Apfel, Wasser

Die Ente wird außen und innen gesalzen, mit Majoran eingerieben, nach Wunsch zusätzlich mit einem ungeschälten Apfel gefüllt und in die Bratpfanne gelegt. Unter häufigem Begießen mit Eigensaft (und etwas Wasser) soll man die Ente 1½ bis 2 Stunden braten lassen. Dann wird die Ente tranchiert und mit dem halbierten Apfel angerichtet.

Als Beilage nimmt man Rotkraut mit Semmelknödeln oder Krautsalat mit Bratkartoffeln.

Ähnlich verfährt man mit der

Gebratenen Gans

Sie wird jedoch mit 2 ungeschälten Äpfeln gefüllt, und die Bratzeit beträgt ca. 3 Stunden im Rohr.

Gefüllte Gans

1 Gans (4 kg), Salz, Majoran
Semmelfülle:
4 geschnittene Semmeln, 40 g Butter, 30 g Zwiebeln, gehackte Petersilie, 2 Eier, 1/16 l Milch, Salz

Die Semmeln werden würfelig geschnitten. Die Zwiebel läßt man in Butter anrösten, gibt Petersilie dazu, gießt dieses über die Semmelwürfel und verrührt alles gut. Milch wird mit den Eiern und den Gewürzen versprudelt. Die Semmelwürfel damit vermischen und fest verrühren.

Die Gans wird gesalzen, mit Majoran eingerieben, mit der Masse gefüllt und im Rohr ca. 3½ Stunden gebraten.

Als Beilage serviert man warmen Krautsalat oder Rotkraut mit Knödeln.

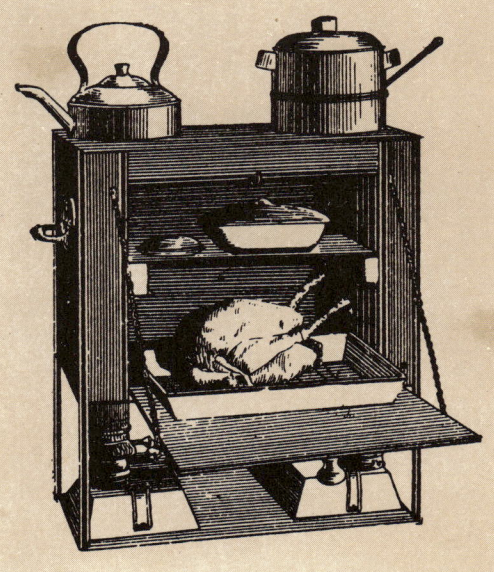

Geflügelreis

160 g Reis, Salz, ¾ l Wasser, 20 g Margarine, 2 Eßlöffel Rahm, 2 Eßlöffel Tomatenmark, 200 g Geflügelreste

Der Reis wird in das kochende Salzwasser gegeben. Einmal umrühren, 5 Minuten kochen und dann bei gedrosselter Hitze aufquellen lassen. Die Margarine locker mit der Gabel unter den heißen Reis ziehen. Rahm und Tomatenmark verquirlen und zusammen mit den kleingeschnittenen Geflügelresten unter den Reis mischen.

Notizen & weitere Rezepte:

fig. 3

Lith von Hardinger

DIE EISENBAHNBRÜ
nächst St Mag

Fischgerichte

Als Fastenspeise wurden in unserer Gegend Fische gerne gekocht. Fische aus den heimischen Flüssen und Seen, die in Mengen in unseren Gewässern vorhanden waren, bildeten dafür die Grundlage. Karpfen kamen aus der Donau und aus den böhmischen Teichen. Delikatessen – wie die Saiblinge aus den Salzkammergutseen – wurden oft unter großer Mühe auf weite Strecken verschickt. Erst in diesem Jahrhundert trat der importierte Seefisch an die Stelle der früheren Vielfalt, z. B. der Äschen oder Sprenzlinge, der Barben, Huchen und Welse.

Forelle blau
(Rezept aus der Linzer Gegend)

4 Forellen, Zitronenscheiben, Petersilie
Fischsud:
1 l Wasser, 20 g Salz, 1/16 l Essig, Pfefferkörner,
1 Lorbeerblatt, 60 g Zwiebeln, 100 g Wurzelwerk,
blättrig geschnitten

Der Fischsud sollte so lange mit den Gewürzen gekocht werden, bis das Wasser den Geschmack der Gewürze angenommen hat. Dann legt man die Forellen in den leicht kochenden Fischsud ein. Nicht mehr kochen! Die Forellen sind gar, wenn die Augen heraustreten. Mit Petersilie und Zitronenscheiben garniert, werden die Forellen zu Tisch gebracht.

Als Beilage nimmt man Salzkartoffel und geschmolzene Butter.

Gebackene Forellen

4 Forellen, Salz, Mehl, 2 Eier, Semmelbrösel, Fett, Petersilie, Zitronenscheiben

Die Forellen werden gesalzen, auf beiden Seiten in Mehl gewendet, dann in den versprudelten Eiern und mit den Semmelbröseln paniert. Zum Schluß bäckt man die Forellen in heißem Fett, bestreut sie mit Petersilie und garniert mit Zitronenscheiben.

Als Beilage gibt man Petersilkartoffeln und Salat.

Karpfen (gebacken)

4-5 Portionen Karpfen, Salz, 20 g Mehl, 2 Eier, 100 g Semmelbrösel, Fett, 1 Zitrone

Die Karpfenportionen werden gesalzen und mit Zitronensaft beträufelt. Dann wälzt man die Karpfenstücke in Mehl, versprudelten Eiern und Semmelbröseln und bäckt sie in heißem Fett goldgelb (sehr langsam, damit die Stücke auch durchgebacken sind!). Die Fischstücke werden mit Zitronenspalten garniert.

Als Beilage gibt man Erdäpfelsalat, gemischten Salat oder Selleriesalat.

Gebackener Karpfen ist in Linz und in anderen Städten das übliche Essen am Weihnachtsabend!

Dorschfilet in Backteig

6 Dorschfilets, Salz, Paprika, Zitronensaft, gehackte Petersilie, 200 g Mehl, 1 Ei, 1 Prise Zucker, etwas Bier, Öl zum Backen, Zitronenspalten

Die Fischfilets werden mit Salz, Paprika, Zitronensaft und Petersilie eingerieben. Jetzt rührt man aus dem Mehl, Ei, Salz, der Prise Zucker und dem Bier einen dicklichen Teig an. Dann zieht man die Fischstücke durch den Backteig und bäckt diese in heißem Öl goldgelb. Mit Zitronenscheiben oder Zitronenspalten garnieren!

Als Beilage wird Mayonnaise oder Salat gereicht.

Hierzu empfiehlt sich ein leichter Weißwein aus der Wachau.

Fisch im Hemd

4 Portionen Fischfilet (Kabeljau, Seezunge usw.), Zitronensaft, Petersilie, Salz, Paradeismark, 2-3 Eßlöffel Mehl, Bier, 1 steifes Eiklar, Fett zum Backen

Fischfiletstücke mit Zitronensaft beträufeln, mit Petersilie und Salz bestreuen und mit Paradeismark bestreichen. Mehl mit etwas Salz und Bier zu einem flüssigen Teig rühren und ein steifes Eiklar darunterziehen. Die Filets eintauchen und schwimmend in heißem Fett gelbbraun backen.

Mit Zitronenscheiben, Paradeisern und Petersilie garniert servieren. Dazu Salat reichen.

Notizen & weitere Rezepte:

fig. 4

Prospectus celeberrimæ arcis Lincii in Austria superior
à latere Danubii adspiciendæ.

B. F. Werner delin.   Cum. Priv. Sa

Innereien und Kleingerichte

Prospect des vortreffl. Schloßes zu Lintz in Ober Oesterreich, wie selbiges von der Donau Seiten anzusehen ist.

Mart. Engelbrecht excud. A.V.

Früher waren Innereien ein Essen für die ärmeren Schichten, jetzt – im Zeitalter der kalorien- und fettarmen Kost – sind diese überall beliebt, auch wenn einzelne noch immer eine Abneigung gegen Leber oder Nieren haben mögen. Tatsache ist, daß gut zubereitete Innereien eine Delikatesse darstellen.

Geröstete Nierndl

3-4 Schweinsnieren, Öl, 1 Zwiebel, 1-2 Eßlöffel Mehl, Pfeffer, Knoblauch, 1 Schale Wasser, 1 Rahmgmachtl (2 Eßlöffel Rahm, 1 Eßlöffel Mehl)

Die Zwiebel wird blättrig geschnitten und in Öl angebraten. Dann gibt man die feingeschnittenen Nieren dazu, röstet gut durch, staubt mit 1 bis 2 Eßlöffel Mehl und gießt mit einer Schale Wasser auf. Zum Schluß bereitet man aus 1 Eßlöffel Mehl, 1 Eßlöffel Wasser und 2 Eßlöffeln Rahm ein „Gmachtl", rührt dieses in die Speise und läßt sie noch einmal aufkochen.

Dazu eignen sich Petersilkartoffeln und gemischter Salat.

Kalbsnieren mit Hirn

300 g Nieren, 250 g Hirn, Fett, Pfeffer, Salz, Majoran, 1 Zwiebel

Die Nieren werden sauber gewaschen und dünnblättrig geschnitten. Jetzt läßt man die geschnittene Zwiebel goldgelb anrösten, gibt Nieren, Salz, Pfeffer dazu und dünstet alles weich. Dann gibt man das Hirn hinein und läßt die Speise 10 Minuten lang rösten.

Als Beilage reicht man gemischten oder grünen Salat.

Hirn, gebacken

500 g Kalbshirn, Fett, Salz, Pfeffer, 1 Ei, Mehl, Semmelbrösel, Petersilie, Zitrone

Das Hirn salzen, pfeffern, in Mehl, Ei und Brösel panieren, in Fett backen und mit Petersilie bestreuen. Mit Zitronenscheiben servieren.

Als Beilage nimmt man Salate oder Petersilkartoffeln.

Leberpunkel oder Leberschedl

5 Semmeln, ¼ l Milch, 50 g Fett, 1 Zwiebel, Petersilie, Salz, Pfeffer, Majoran, geriebene Zitronenschale, 500 g Schweinsleber (faschiert), 2 Eier, 1 Schweinsnetz

Die Semmeln werden blättrig geschnitten und mit ¼ l Milch übergossen. Dann röstet man die Zwiebel mit der Petersilie in heißem Fett an und gibt beides zu den Semmeln. Man salzt, pfeffert, gibt Majoran und Zitronenschale dazu. Jetzt werden die faschierte Leber und die Eier in die Semmelmasse eingerührt. Inzwischen legt man eine Bratpfanne mit einem Schweinsnetz aus, gibt die Masse darauf, bedeckt sie mit dem Netz und bäckt alles im Rohr.

Katzengeschrei
(Rezept aus der Eferdinger Gegend)

Leber, Nieren, Hirn, Fleisch (im ganzen 750 g), 2 Zwiebeln, Salz, Pfeffer, Fett, etwa ¼ l Suppe oder Wasser, 2 Eßlöffel Mehl

Leber, Nieren, Hirn und Fleisch werden feinblättrig geschnitten und mit Zwiebel, Salz und Pfeffer in Fett geröstet. Wenn das Fleisch weich ist, wird es gestaubt und mit Suppe oder Wasser aufgegossen.

Als Beilage reicht man Petersilkartoffeln und grünen oder gemischten Salat.

Katzengeschrei/Katzengschroa
(Rezept aus dem Innviertel)

750 g Kalbfleisch, 200 g Zwiebeln, Salz, Pfeffer, Wasser, 100 g Fett, 3 Eßlöffel Mehl, 1/8 l saurer Rahm

Das Kalbfleisch wird klein geschnitten und mit feingeschnittenen Zwiebeln, Salz, Pfeffer und etwas Wasser in einer Pfanne mit Fett weich gedünstet. Dann staubt man mit Mehl und läßt es anrösten, gießt mit Suppe auf und gibt vor dem Anrichten den sauren Rahm dazu.

Als Beilage nimmt man Petersilkartoffeln und grünen oder gemischten Salat.

Grüne Rindszunge

„Grün" bedeutet: nicht geselcht.

1 Rindszunge, Salzwasser, Wurzelwerk (Petersilie, Sellerie, Karotten, Zwiebel), Pfefferkörner, 2 Zehen Knoblauch

Die nicht gepökelte Rindszunge wird in Salzwasser mit viel Wurzelwerk so lange gekocht, bis sich die Haut der Zunge leicht abziehen läßt. Dann schneidet man sie in Scheiben und serviert sie mit Kartoffelpüree.

Ganz fein schmeckt geschnittene Zunge, wenn man zwischen die Zungenscheiben Butterstückerln und Sardellenpaste streicht.

Minutenfleisch

400 g Rindfleisch, Öl, 1 geschnittene Zwiebel, Salz, Pfeffer, Knoblauch, 1/4 l Wasser, 30 g Mehl, 1/8 l saurer Rahm

Das Fleisch in dünne Scheiben schneiden und würzen. Die Zwiebel in Öl anbraten, das Fleisch dazugeben und durchrösten, mit Wasser aufgießen und weich dünsten. Wenn der Saft klar ist, staubt man 30 g Mehl darüber, läßt es anrösten und fügt den sauren Rahm bei.

Dazu serviert man gemischten oder grünen Salat.

Faschiertes mit Makkaroni

400 g Makkaroni, 400 g Faschiertes, Salz, Pfeffer, Majoran, Senf, Öl, 50 g durchzogene Selchspeckwürfel, 1 feingehackte Zwiebel, 150 g Butterkäsestreifen, 1 Dose Paradeismark (Tomatenmark)

Man kocht die Makkaroni in Salzwasser gar und läßt sie abtropfen. Faschiertes wird mit Salz, Pfeffer, Majoran und Senf kräftig gewürzt. In etwas heißem Öl röstet man den durchzogenen Speck und die feingehackte Zwiebel leicht an und brät das Faschierte darin, bis es eine braune Farbe hat. Dann gibt man alles in eine feuerfeste Form, legt darauf die Makkaroni und die Käsestreifen und übergießt alles mit abgeschmecktem Paradeismark. Im Rohr läßt man die Speise bei mittlerer Hitze ca. 50 Minuten backen.

Als Beilage grünen Salat reichen!

Reisfleisch

Je 300 g mageres Rindfleisch und Schweinefleisch, Salz, 2 Zwiebeln, gemahlener Kümmel, 30 g Fett, 1 Eßlöffel Paradeismark, ca. ½ l Wasser oder Suppe, 300 g Reis, Petersilgrün, Pfeffer, 1 Eßlöffel Paprika

Die Zwiebeln würfeln und goldgelb rösten. Das Fleisch in Würfel schneiden. Die gerösteten Zwiebeln paprizieren, das Paradeismark sowie das Fleisch und die Gewürze beigeben. Den Reis ca. 20 Minuten zugedeckt halbweich dünsten. Dann den Reis zum Fleisch geben, mit Wasser auffüllen und in wiederum ca. 20 Minuten weich dünsten.

Als Beilage nimmt man grünen Salat.

Spaghetti-Auflauf

250 g Spaghetti, Petersilie, Dill, Schnittlauch, Salz, 250 g Tomaten, 2 Scheiben Käse, 1 Zwiebel, 100 g durchzogene Selchspeckwürfel, ⅛ l Obers, Salz, Pfeffer und Paprika

Spaghetti in Salzwasser kochen, abschrecken und mit gehackter Petersilie, Dill, Schnittlauch und Salz vermischen. In eine gebutterte Auflaufform füllen. Tomaten schälen und in Scheiben schneiden, schuppenförmig auf die Spaghetti legen und darüber Scheiben von Käse verteilen. Eine Zwiebel und den durchzogenen Selchspeck (Würfel) auslassen und über den Auflauf geben; darüber dann Obers gießen, mit Salz, Pfeffer und Paprika vermischt. Im vorgeheizten Rohr 30 Minuten überbacken.

Semmelböller

Die Semmelböller stammen wie die Krautspatzen (s. S. 48) und die Holzknechtnocken (s. S. 59) aus dem Salzkammergut und werden mit Salat als Mittag- oder Abendessen auf den Tisch gebracht.

Altes Weißbrot, 3 Eier, Salz, Milch, Butter oder Schmalz

Man schneidet das Brot in 1 cm dicke Scheiben und taucht diese in Milch ein. Inzwischen läßt man in der Pfanne Fett heiß werden, belegt den Boden mit den getunkten Weißbrotscheiben und röstet sie. Jetzt dreht man die Scheiben auf die andere Seite und schlägt die Eier auf die Schnitten, wobei die Dotter jeweils ganz bleiben sollen. Dann bestreut man die Böller mit Salz und Schnittlauch und bringt sie heiß zu Tisch.

Notizen & weitere Rezepte:

fig. 5

Eigentliche Abbildung der schönen Lustigen u[nd]
nau gelegen: Wselbsten Ihre Kayserliche Mayest[ät]
Hoffstatt biß in den Martium

Thonau fl.

# Pilze, Gemüse, Erdäpfelgerichte

...ühmten Statt Lintz, in Österreich an der Do-
...o derselben abzug von Prag, sich mit dero Kayßerl:
...8j Jahrs enthalten.

Wer Pilze gut kennt, kann auch Arten verwenden, die unbeachtet auf der Wiese und im Wald stehen bleiben. Aus Maronenröhrlingen kann man eine gute Schwammerlsauce zubereiten, aus Tintlingen und Goldröhrlingen, wie sie bei mir im Garten wachsen, entsteht, mit Butter und Eiern versprudelt, ein schmackhaftes Pilzgericht.

Nicht nur das Kraut wurde als Beilage verwendet, der Hausgarten bot noch eine Fülle anderer vitaminreicher Kost. Manches davon kann sogar als Hauptgericht dienen, wie z. B. der Karfiol. Bei den gefüllten Paprika ist die Hülle eigentlich nur Beilage zu einem pikanten Reisgericht. Die Erdäpfel stellen, als Butter oder Salzkartoffeln serviert, oft eine Beilage dar; einzelne Gerichte mit Erdäpfeln aber nehmen im oberösterreichischen Speisezettel eine durchaus selbständige Stellung ein.

Eierschwammerl mit Ei

500 g Eierschwammerl, 50 g Butter, 1 Zwiebel, Petersilie, Salz, Pfeffer, 2 Eier

Die gehackte Zwiebel wird in Butter goldgelb angeröstet, die halbierten Eierschwammerln werden beigegeben, gewürzt und geröstet. Die verquirlten Eier in die Speise einrühren und anziehen lassen.

Champignons mit Rahm

500 g Champignons, 60 g Butter, Zitronensaft, Salz, Pfeffer, 1 Eßlöffel Mehl, 1/8 l Sauerrahm, Petersilie

Die blättrig geschnittenen Pilze beträufelt man mit Zitronensaft und dünstet sie in Butter. Würzen! Rahm mit Mehl versprudeln, zu den Pilzen geben, kurz aufkochen und mit gehackter Petersilie bestreuen.

Als Beilage nimmt man Semmelknödel.

Gedünstete Champignons

500 g Champignons, 80 g Butter oder Öl, Salz, Zitronensaft, Petersilie, 1 Ei

Die Pilze werden in Scheiben geschnitten, mit Zitronensaft beträufelt und in Butter gedünstet. Salzen, pfeffern, ein versprudeltes Ei dazugeben und stocken lassen.

Vor dem Anrichten streut man gehackte Petersilie über die Pilze.

Herrenpilze (Steinpilze) in Rahmsauce

500 g Steinpilze, 60 g Butter, 1 Zwiebel, Salz, Pfeffer, Knoblauch, Kümmel, 1/8 l Sauerrahm, 2 Eßlöffel Mehl, Petersilie

Die Zwiebel röstet man in heißem Fett an und gibt die blättrig geschnittenen Pilze dazu, würzt und dünstet die Pilze. Mehl verrührt man mit Sauerrahm, mengt es unter die Pilze und läßt alles durchkochen.

Als Beilage nimmt man Semmelknödel.

Kohlgemüse, gedünstet

1 kg Kohl, 250 g Speckscheiben, Salz, Pfeffer, gehackte Petersilie, Suppe, 1 Zwiebel, Knoblauch, Mehl, Kümmel

Der Kohl wird nudelig geschnitten, in Salzwasser weich gekocht und abgeseiht.

Aus dem kleingeschnittenen Speck, der gehackten Zwiebel und Petersilie wird eine lichte Einbrenn gemacht. Mit Suppe oder dem Kochsud gießt man auf und würzt mit Salz, Pfeffer, Knoblauch und Kümmel. Dann gibt man den Kohl dazu und läßt alles zusammen auf kleiner Flamme aufkochen.

Man kann Kohlgemüse zu gekochtem Rindfleisch mit Kartoffelschmarrn oder zu jeder Art von Würsten mit Kartoffeln servieren.

Krautrüben
(Rezept aus dem Mühlviertel)

Als ein sehr wohlschmeckendes Gemüse wurde mir in der Nähe von Aigen-Schlägl das Krautrübengemüse geschildert, das man zu Geselchtem und Mehlknödeln in dieser Gegend besonders gerne ißt. Und zwar wächst die Rübe (sie ist rund wie Kraut und hat die Farbe wie unsere gelbe Rübe) auf dem Feld.

Man schneidet 1 cm dicke Scheiben von der Krautrübe ab, kocht sie mit dem Geselchten zusammen und bringt sie auch zusammen auf den Tisch.

Als Beilage dient der beliebte Mehlknödel.

Krautrouladen

1 Häuptel Weißkraut, ½ l Rindsuppe, 2 Eßlöffel Rahm, 500 g Faschiertes, 1 Zwiebel, Petersilie, Salz, Pfeffer, etwas zerdrückter Knoblauch, Majoran, 2 Eier

Die Krautblätter werden in Rindsuppe oder Salzwasser weich gekocht, abgeseiht und aufgelegt. Dann läßt man die geschnittene Zwiebel goldgelb anrösten, gibt Petersilie, Faschiertes, Salz, Pfeffer, Majoran und den zerdrückten Knoblauch mit den beiden Eiern dazu. Sodann macht man aus dem Faschierten Röllchen, umhüllt diese mit Kraut und legt sie in eine befettete Kasserolle. Nachher übergießt man sie mit etwas Rindersuppe und läßt die Speise ca. 40 Minuten im heißen Rohr dünsten. Die Sauce kann man verfeinern, wenn man zum Schluß 2 Eßlöffel Rahm daruntermischt.

Als Beilage eignen sich Petersilkartoffeln.

Gebackener Karfiol

1 große Karfiolrose, Salzwasser
Backteig:
100 g Mehl, 1 Ei, Salz, etwas Milch

Die Teigzutaten zu einem glatten Teig verrühren.

Eine Karfiolrose wird im Salzwasser nicht zu weich gekocht, ausgekühlt in Stückchen zerteilt, in Backteig getaucht und in heißem Fett ausgebacken.

Krautspatzen

Eine andere beliebte Speise des Salzkammergutes — besonders in der Ebenseer Gegend — sind die Krautspatzen.

2 rohe Erdäpfel, Salz, Wasser, 2 Schöpfer griffiges Mehl, ca. 500 g Sauerkraut, 1/2 Apfel, Schmalz

Mehl, Salz und Wasser verarbeitet man zu einem glatten Teig, aus dem man kleine Nockerln formt und in Salzwasser kocht. Inzwischen läßt man in einer Pfanne Schmalz zergehen, schneidet die rohen Erdäpfel blättrig und läßt sie in der Pfanne braten. Sind die Erdäpfel halb durchgebraten, schüttet man die abgeseihten Spatzen darauf und mischt sie gut durch. Jetzt kommt das Sauerkraut auf die Nockerl-Erdäpfel-Schicht und wird darauf gedünstet. Durch das Dünsten mit dem Kraut gehen die Spatzen stark auf und bekommen einen eigenen Geschmack. Schließlich werden die Krautspatzen kräftig umgerührt. Noch etwas Schmalz dazugeben.

Sehr gut schmecken die Krautspatzen, wenn man einen halben Apfel — in Scheiben geschnitten — mitdünstet.

Gefüllte Kohlrabi

8 Kohlrabi, 500 g faschiertes Schweinefleisch, 1/2 l Rindsuppe, 2 Eßlöffel Rahm, 2 Zwiebeln, Petersilie

Das faschierte Schweinefleisch wird in gehackten Zwiebeln und Petersilie weich gedünstet. Kohlrabi schälen, aushöhlen und in etwas Rindsuppe halbweich dünsten. Die Kohlrabi auskühlen lassen, mit Faschiertem füllen, in eine Kasserolle geben und mit Rindsuppe fertig dünsten. Der Saft wird zum Schluß mit Rahm verfeinert.

Als Beilage eignen sich Petersilkartoffeln.

Gefüllte Paprika

8 grüne Paprikaschoten, Salzwasser
Fülle:
400 g faschiertes Schweinefleisch, 60 g geschnittene Zwiebeln, 30 g Fett, gehackte Petersilie, Pfeffer, Majoran, Salz, 1 Knoblauchzehe, 70 g gekochter Reis, 1 Ei
Paradeissauce:
800 g Paradeiser, 1/8 l Wasser, 60 g Öl, 100 g Zwiebeln, 50 g Mehl, Salz, Zucker

Von den Paprikaschoten schneidet man den Deckel ab und entfernt innen die Kerne. Dann überbrüht man die Schoten mit kochendem Salzwasser, füllt sie mit der vorbereiteten Fülle und verschließt sie mit dem Deckel. In einer befetteten Kasserolle schichtet man die Paprika eng aneinander, salzt sie und läßt sie im heißen Rohr braten. Nachher gießt man die Paradeissauce darüber und läßt die Speise zugedeckt 15 Minuten dünsten. Dazu reicht man als Beilage Salzkartoffeln.

Fülle: Die Zwiebel wird fein geschnitten und goldgelb angeröstet, das Faschierte dazugegeben, mit Pfeffer, Salz, gehackter Petersilie, Majoran und Knoblauch gewürzt und mit dem gekochten Reis sowie dem Ei zu einer Masse verrührt.

Paradeissauce: Die Paradeiser waschen, zerdrücken und in Wasser 30 Minuten kochen. Die feingeschnittene Zwiebel läßt man nun in heißem Fett anrösten, staubt, gießt mit dem Paradeissud auf, läßt alles gut verkochen, würzt und passiert die Sauce.

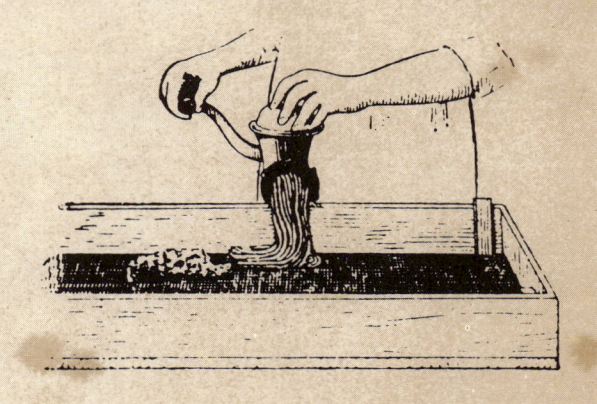

Erdäpfelteig

400 g Erdäpfel, 20 g Butter, 100 g Mehl, 25 g Grieß, Salz, 1 Eidotter

Die Erdäpfel werden weich gekocht, geschält, noch heiß passiert oder nach dem Erkalten gerieben. Dann gibt man die übrigen Zutaten zu der Erdäpfelmasse, knetet sie zusammen und läßt den Teig kurz rasten. Je nach Bedarf formt man ihn dann zu Knödeln, Nudeln usw.

Mühlviertler Sterz aus Erdäpfeln

500 g gekochte Erdäpfel, 200 g Mehl, Salz, Butter und Wasser (½ Schale)

Die Erdäpfel werden gerieben und mit dem Mehl und dem Salz abgebröselt (mit den Händen zerrieben).

In einer Pfanne läßt man Fett zergehen, gibt die Masse hinein und läßt sie anbraten. Man wendet den Teig, läßt ihn wiederum goldgelb backen und zerdrückt ihn mit einem Löffel.

Dann läßt man eine halbe Schale Wasser und etwas Butter aufkochen und schüttet das Ganze über die Speise.

Diese Speise wird heute noch gerne im Mühlviertel gekocht, und man serviert sie mit saurer Milch oder gezuckert mit Kompott.

Eingebrannte Erdäpfel

750 g Erdäpfel, 60 g Fett, 40 g Mehl, ¼ l Wasser oder Suppe, Salz, Majoran, saure Gurkenblättchen, Essig, 2 Eßlöffel Rahm

Die Erdäpfel werden gekocht, geschält und in Scheiben geschnitten. Aus dem Fett und dem Mehl macht man eine Einbrenn, gießt mit Suppe oder Wasser auf und schmeckt mit Salz, Majoran, den Gurkenblättchen und einem Schuß Essig ab. Dann gibt man die Erdäpfelscheiben hinein, läßt alles aufkochen und schmeckt zum Schluß mit Rahm ab.

Die koche ich gerne, wenn es gegen den Monatsletzten geht!

Erdäpfelkäs

Der Erdäpfelkäs war im Innviertel und im Voralpenland gleich beliebt, und die Bäuerin bereitete ihn fast jeden Tag zur Jause.

Mehlige Erdäpfel, Pfeffer, Salz, Zwiebel, Rahm

Die Erdäpfel werden geschält, gerieben und mit Salz, Pfeffer und kleingehackter Zwiebel sowie saurem Rahm vermischt.

Notizen & weitere Rezepte:

Notizen & weitere Rezepte:

fig. 6

Linz Hauptsadt in Ober Oestreich
Sr. Excellenz der Hochwohlgebohrnen Frauen
Werneck. Gebohrne Reichs

Nudeln und Nockerln

von der Uhrfar Seiten aufgenommen.
Frauen Sebastiana, des H.R.R. Freyin von
Freyin von Wollwarth ect. ect.
Gewidmet zum Andenken ver erzeigte Gnaden, von Fr. v. Naumann.

Nudeln hat die gute Hausfrau früher selbst hergestellt. Von der verwendeten Nudelpresse blieb der Spottname des „Nudeldruckers" für einen langsamen Arbeiter erhalten, brauchte man doch zur Herstellung viel Zeit und Geduld. Heute ist das Angebot an Teigwaren bis hin zu den Spaghettis überall groß und die eigene Produktion dadurch fast völlig verschwunden.

In Oberösterreich sind die Nockerln besonders als Bauernkost schon ziemlich alt. Man kennt und kocht schon lange und gerne Mehl-, Grieß-, Eier- und Äpfelnockerln.

Mühlviertler Topfennudeln

Diese Speise wurde besonders von den Frauen im Raume Freistadt gerne zubereitet.

200 g Topfen, 60 g Schmalz, Rahm, 2 Eier, 2 Dotter, 20 g Germ, Salz, Milch, 350 g Mehl, Fett zum Backen

Topfen gibt man in ein größeres Gefäß, gießt heißes Schmalz darüber und rührt flaumig. Rahm, Eier, Dotter, Salz und den in Milch aufgelösten Germ sowie Mehl gibt man dazu und schlägt diesen Topfen-Germ-Teig gut ab, läßt ihn zugedeckt langsam an einem warmen Ort aufgehen.

Auf einem gemehlten Brett dreht man eine 2 cm dicke Wurst, von der man 2 cm lange Stückchen schneidet, die wiederum zugedeckt aufgehen müssen. Diese Stücke formt man nun zu fingerlangen Nudeln, die man in schwimmendem Fett goldbraun bäckt und heiß serviert.

Erdäpfelnudeln

750 g Erdäpfel, 200 g Mehl, Salz, 2 Eier, 150 g Semmelbrösel, 150 g Butter

Aus den gekochten, zerdrückten oder passierten Erdäpfeln, dem Mehl, Salz und den Eiern macht man einen Erdäpfelteig, formt Rollen, schneidet daraus kleine Stücke, die man zu Nudeln formt und in Salzwasser kocht. Abseihen, abschrecken und in mit Butter angerösteten Semmelbröseln wälzen.

Gebackene Erdäpfelnudeln nach Mühlviertler Art

Man verwendet den gleichen Teig wie bei den gewöhnlichen Erdäpfelnudeln, schichtet diese in eine Kasserolle, versprudelt 2 Eier und einen halben Becher sauren Rahm, gießt letzteres über die Speise und läßt sie im Rohr backen.

Als Beilage nimmt man Sauerkraut oder Kompott.

Mohnnudeln aus Erdäpfelteig

1 kg gekochte Erdäpfel, 300 g Mehl, 100 g Mohn, 20 g Fett, Zucker zum Überstreuen

Die gekochten Erdäpfel werden passiert oder zerdrückt, das Mehl dazugemengt und rasch zu einem Teig geknetet. Man formt normale Nudeln und kocht sie in Salzwasser. Die abgetropften Nudeln kommen in das heiße Fett, werden mit dem geriebenen Mohn überstreut und nach Geschmack gezuckert.

Bröselnudeln

Erdäpfelteig (s. S. 50), 60 g Brösel, 40 g Butter, Staubzucker

Der Erdäpfelteig wird in eine daumendicke Rolle geformt, in nußgroße Stücke geschnitten und auf einem bemehlten Brett zu länglichen Nudeln gerollt. Ca. 5 Minuten in Salzwasser kochen (bis sie obenauf schwimmen), herausnehmen, abtropfen lassen, dann in mit Butter gerösteten Bröseln wälzen und mit Staubzucker bestreut servieren.

Als Beilage nimmt man Apfel- oder Kirschenkompott.

Nockerln (Grundrezept)

350 g Mehl, 2 Eier, 1/8 l Milch, Salz, 50 g zerlassene Butter

Mehl, Eier, Salz und Butter in ein Gefäß geben und mit der Milch verrühren. Nun schlägt man den Teig so lange mit dem Kochlöffel, bis sich dieser vom Topf löst. Man sticht mit einem nassen Teelöffel kleine Nockerln aus, gibt sie in das kochende Salzwasser und läßt sie ca. 10 Minuten kochen. Nach dem Kochen seiht man sie ab, spült sie mit kaltem Wasser ab und schwenkt sie in zerlassener Butter.

Nockerln sind eine ideale Beilage zu gedünstetem Fleisch.

Wasserspatzen

300 g Mehl, Salz, 1 Ei, ca. 1/8 l Milch

Man bereitet einen weichen Teig aus Mehl, Salz und dem in der Milch verrührten Ei (früher nahm man Wasser statt Milch, daher der Name), legt ihn auf ein flaches Holzbrett und drückt mit dem Messer kleine Nockerln aus. Diese gibt man in das siedende Wasser (leicht gesalzen) und läßt sie ein paarmal aufkochen. Man seiht sie ab und serviert sie zu Soßenfleisch oder Katzengschroa.

Holzknechtnocken

Eine spezielle Speise des Salzkammergutes sind die Holzknechtnokken. Wenn die Holzknechte im Wald in ihren Hütten hausen und sich aus mitgebrachten Lebensmitteln selbst Speisen zubereiten, dann sind es gerade diese Nocken, deren Herstellung sie besonders gut beherrschen.

40 g Rindschmalz, 250 g trockenes Mehl, Salz, Fett

Das Mehl kommt in ein größeres Gefäß, wird gesalzen und mit heißem Wasser übergossen. Dann rührt man die Masse durch, formt kleine Knödel, die man in siedendes Wasser legt, bis sie nach ca. 10 Minuten aufsteigen. Nun erhitzt man Schmalz in einer Pfanne, legt die abgeseihten Nocken hinein und schmalzt sie gründlich ab.

Gegessen werden sie zu frischen Heidelbeeren oder anderen Beeren.

Schneenockerln

4 Eiklar, 100 g Zucker, ½ l Milch

4 Eiklar werden zu Schnee geschlagen und der Zucker leicht eingerührt. Nun werden in die siedende Milch Nockerln eingeschlagen und nach einmaligem Aufkochen herausgenommen.

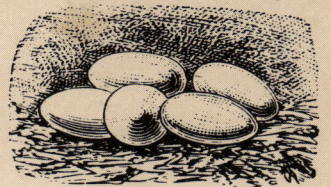

Eiernockerln

Nockerlteig (s. S. 58)
4 Eier, ⅛ l Sauerrahm

Die Nockerln werden nach dem Grundrezept zubereitet und in Butter geschwenkt. Anschließend übergießt man sie mit den verquirlten Eiern und läßt die Eier nicht zu fest stocken. Man kann die Eier auch in Rahm verquirlen und über die fertigen Nockerln gießen.

Eiernockerln werden in Oberösterreich als selbständige Mahlzeit mit grünem Salat oder Gurkensalat auf den Tisch gebracht.

Nockerln in der Milch
(Rezept von Tante Anni)

¾ l Milch, Zucker
Nockerlteig:
100 g Butter, 1 Ei, Salz, einige Löffel Mehl

Die Butter wird flaumig gerührt. Ei, Salz und einige Löffel Mehl werden dazugegeben und der Teig abgeschlagen. Dann kocht man die gezuckerte Milch und legt die Nockerln ein (Kochzeit ca. 5 Minuten).

Notizen & weitere Rezepte:

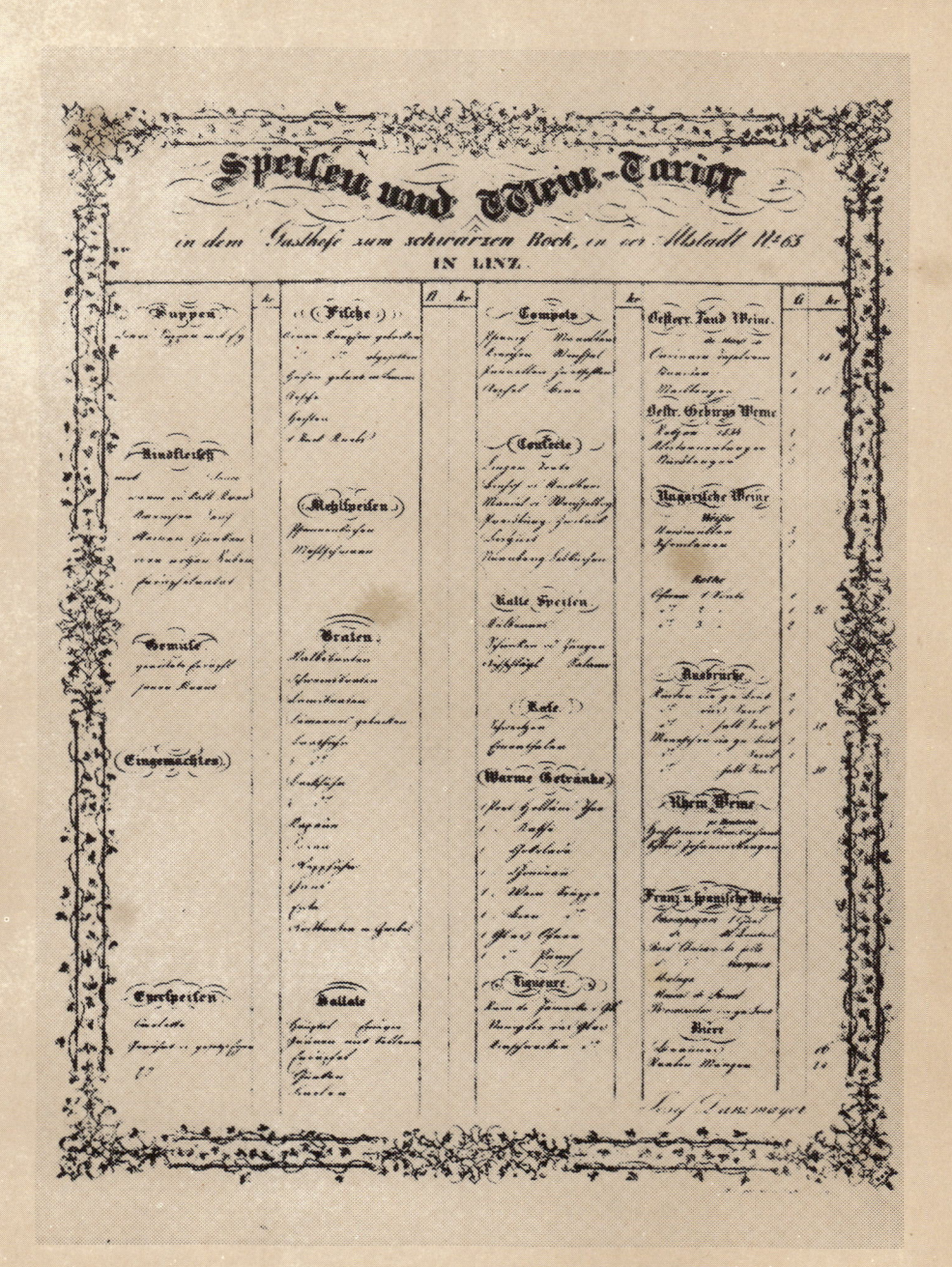

fig · 7

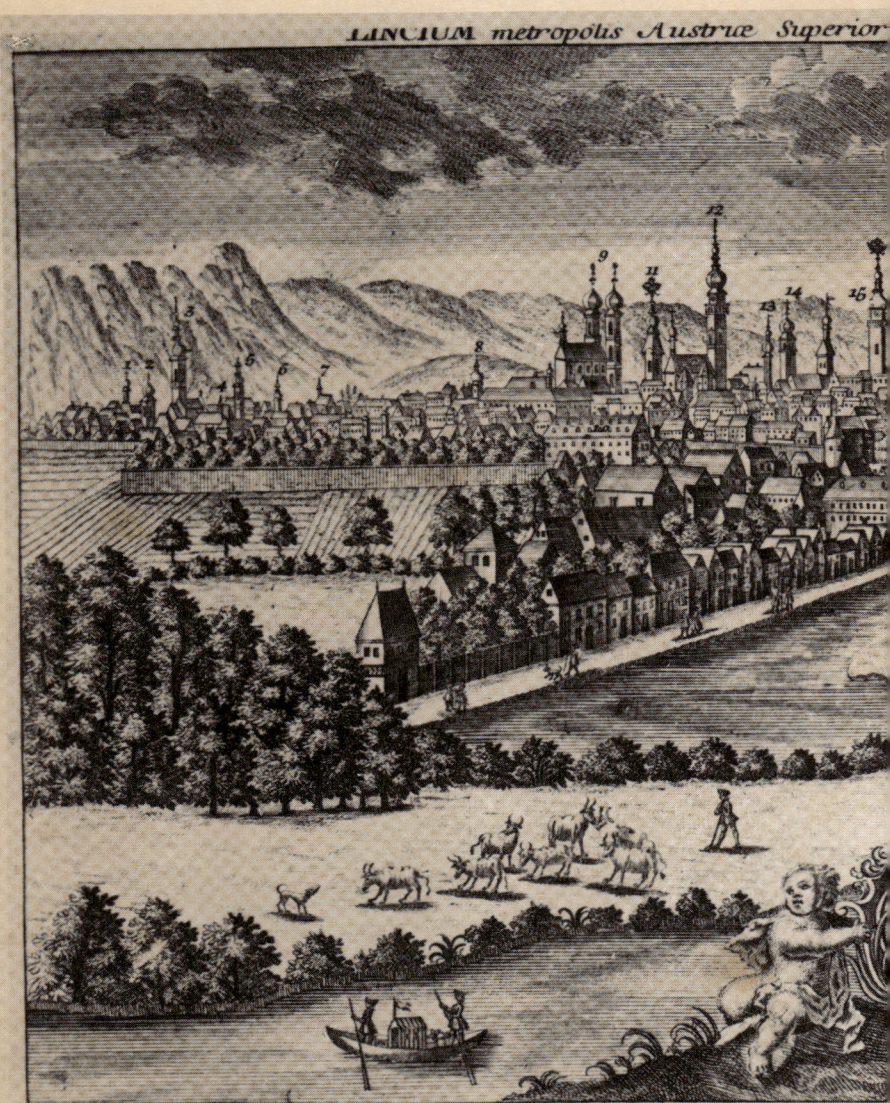

LINCIUM metropolis Austriæ Superior

1. Coemeterium. 2. Sacellum Comitum de Harrach. 3. Coenobium P.P. Carmelitarum. 4. Mo[n...]
S. Ursulæ. 5. Templum Bethlehem dictum. 6. Novum templum monialiu[m]. 7. Coenobiu[m] P.P. Capucin[orum]
8. Turris nosocomii. 9. Ecclesia P.P. Iesuitarum. 10. Ædificium Princip. de Lamberg. 11. Porta fabrorum
tubicinu[m]. 12. Templum parochiale civitatis. 13. Turris Curiæ civitatis. 14. Coenobiu[m] P.P. Minoritaru[m]. 15. Do[mus]
cu[ri]a[lis]. 16. Domus fabricis destinata. 17. Turris aquaria infer. 18. Turris aquaria super. 19. Arx. 20. Prieto[rium]
tuum ex sale cæsar. 21. Turris aquaria. 22. Ecclesia S. Martini. 23. Parochia in litore. 24. P.P. Capucin. coen[obium]
B. F. Werner delin.

Knödel

Lintz in Ober Oesterreich.

er Gottes Acker. 2 Harrachische Capell. 3 Carmeliter. 4 Ursulinerinen. 5 Bethlehe
eue Frauen Closter. 7 Capuciner im Weinberg. 8 Spital thurn. 9 PP Jesuiter. 10
rste Lambergische Haus. 11 das Schmid-thor und Blasthurn. 12 die Statt Pfarr Kirch
das Rathhaus thurn. 14 Minoriten Kirch. 15 das Land-hauß. 16 die Fabriquen
Untere Wasser-thor. 18 das Obere Wasser thor. 19 das Schloß. 20 Kaysere Saltz Amt
der Wasser thurn. 22 S. Martin. 23 Pfarrkirch un Ufer. 24 Capuciner daselbst
Mart. Engelbrecht. excud. A.V.

Schon seit Jahrhunderten gibt es Rezepte für Knödel, in deutschen Kochbüchern unter der Bezeichnung „Klöße" geführt. Grundsätzlich unterscheidet man zwischen gesalzenen Knödeln als Beilage zu Hauptmahlzeiten und den Obstknödeln der österreichischen Mehlspeisküche, bei denen die Frucht nur von einer dünnen Teighülle umschlossen ist.

Knödel als Hauptspeise oder als Beilage stehen in der oberösterreichischen Küche an der Spitze. Was für den Mühlviertler die Erdäpfelknödel, sind für die Inn- und Hausruckviertler die Semmel- und Mehlknödel.

Knödel als Mehlspeise, meist in mit Butter oder Fett hellbraun gerösteten Semmelbröseln gewälzt, werden mit Staubzucker angezukkert. Für besondere Schleckermäuler darf der Zuckerstreuer auf dem Tisch nicht fehlen!

Semmelknödel

*5 Semmeln, 2 Eier, 2 Eßlöffel Mehl, 2 Eßlöffel Fett,
¼ l Milch, feingehackte Zwiebel, Petersilie, Salz*

Die Semmeln werden kleinwürfelig geschnitten und in Fett geröstet. Dann läßt man Zwiebel und Petersilie in Fett anrösten und gießt sie über die geschnittenen Semmeln. Milch, Eier und Salz werden versprudelt und dazugegeben. (Oft umrühren!) Mit Mehl binden und Knödel formen. Diese werden in kochendes Salzwasser eingelegt und ca. 15 bis 20 Minuten gar gekocht.

Erdäpfelknödel

Sie werden in Oberösterreich hauptsächlich zum Schweins- und Surbraten gegessen.

*1 kg am Vortag gekochte Erdäpfel, 150 g Mehl, 150 g
Grieß, 2 Eier, 1 Eßlöffel Fett, Salz*

Die Erdäpfel werden geschält und gerieben und mit den übrigen Zutaten zu einem Teig verarbeitet. Dann formt man Knödel, die man in kochendes Salzwasser einlegt und auf kleinem Feuer ca. 15 Minuten gar kocht.

Die im Mühlviertel am meisten verbreiteten Erdäpfelknödel werden nach folgendem Rezept zubereitet:

*500 g Erdäpfel, 60 g Grieß, 50 g Mehl, 1 Ei, Salz,
1 Stück Butter (nußgroß), 2 in Würfel geschnittene,
alte Semmeln, Schmalz zum Rösten, Butterbrösel*

Die am Vortag gekochten Erdäpfel werden geschält, gerieben und mit Grieß, Mehl, Ei, Salz und dem Stück Butter auf einem Brett zu einem Teig verarbeitet. Die gerösteten Semmelwürfel mischt man darunter. Dann kocht man die Knödel in Salzwasser (ca. 10 Minuten). Mit gerösteten Semmelbröseln bestreut, werden sie zum Schweinsbraten auf den Tisch gebracht.

Beliebt in ganz Oberösterreich!

Mehlknödel oder stauber'te Knödel
(Rezept aus dem Mühlviertel)

400 g Roggenmehl, siedende Selchfleischsuppe nach Bedarf, etwas Salz

Helles Roggenmehl wird in eine Schüssel gegeben, gesalzen und mit kochender Selchfleischsuppe übergossen. Die Masse brösemasse man nach jedem Schöpflöffelguß durch — nicht abarbeiten —, damit im Teig noch kleine „Mehlbröckerl" bleiben. Dann dreht man feste Knödel, die in Salzwasser oder in einer Selchfleischsuppe gekocht werden.

Diese „stauber'ten Knödel" sind eine Spezialität des Mühlviertels und werden dort zum Geselchten (meist sehr fetten) und mit Sauerkraut gegessen.

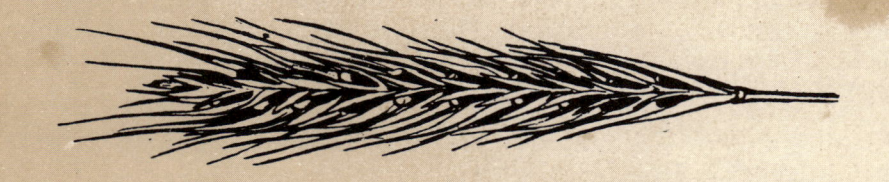

Grammelknödel

Die Grammeln werden klein geschnitten und mit gehackten Zwiebeln angeröstet. Der Erdäpfelteig wird zu einer Rolle geformt, in Stückchen geschnitten, gefüllt, zu Knödeln gedreht und in Salzwasser gekocht.

Nach Mühlviertler Art kann man die Grammelknödel in heißem Fett ausbacken, in eine Pfanne geben, mit Rahm übergießen und im Rohr dünsten lassen.

G'hackknödel
(Lieblingsknödel der Oberösterreicher)

200 g nicht zu mageres, gebratenes Schweinefleisch, 200 g gekochtes oder gebratenes Rindfleisch, 100-150 g gekochtes Kaiserfleisch, 1 Eßlöffel feingehackte Zwiebel, Petersilie, 1-2 Zehen Knoblauch, Pfeffer, etwas Majoran

Das Knödelghack wird mit dem Wiegemesser noch feiner gehackt. Dazu gibt man feingehackte Zwiebeln, Petersilie, zerdrückten Knoblauch, Pfeffer und ein wenig Majoran, formt das Ganze zu kleinen Knödeln und schlägt sie in den Erdäpfelteig ein. Dann gibt man die Knödel 15 Minuten in kochendes Salzwasser.

Sie werden mit Sauerkraut serviert und — wenn gerade vorhanden — mit Gulaschsaft oder einem anderen Bratensaft übergossen.

Erdäpfelteig s. S. 65

(Rezept für Erdäpfelknödel)

Gebackene Speckknödel
(Rezept aus dem Mühlviertel)

300 g Kaiserfleisch, 100 g Selchspeck, Pfeffer, Petersilie, Paprika, Fett, 3 Löffel Milch, 2 Eier, ⅛ l Rahm, Salz

Speck und Kaiserfleisch werden in kleine Würfel geschnitten. Dann mischt man Pfeffer, Paprika und Petersilie darunter und formt Knödel, über die man einen Erdäpfelteig legt und wiederum zu Knödeln formt. In einer Pfanne läßt man nun Fett heiß werden, dreht jeden Knödel rundherum darin und legt sie eng aneinander. Dann übergießt man die Knödel mit Milch und backt sie bei mittlerer Hitze. Haben sie an der Oberfläche Farbe, übergießt man sie mit in Rahm versprudelten, gesalzenen Eiern und gibt sie noch einmal in das Rohr. Man läßt die Speckknödel goldbraun backen.

Speckknödel
(Rezept aus dem Innviertel)

250 g Knödelbrot, 300 g Speck oder Selchfleisch, Pfeffer, Salz, etwas Milch, 1 Ei, Mehl, Schnittlauch

Kleinwürfelig geschnittenes Selchfleisch mit Schnittlauch vermischen und würzen, dann kleine Kügerl formen.

Das würfelig geschnittene Knödelbrot mit Milch und Ei anfeuchten und salzen. Mehl nach Bedarf dazugeben, eine Rolle formen, in Stücke schneiden, dann flach drücken und die Speckkügerl darauflegen. Den Teig darüberschlagen und Knödel formen. In heißem Salzwasser 10 Minuten kochen.

Zu den Speckknödeln ißt man warmen Krautsalat oder Gurkensalat.

Steyrische Hochzeitsknödel

150 g Butter oder Schmalz, 3-4 Eier, Salz, 150 g Selchfleisch, geriebener Emmentaler, feingeschnittenes Sauerkraut, 5-6 gewürfelte Semmeln, 1 Paradeiser, 500 g grüne Fisolen und Paradeisscheiben

Butter, Eier und Salz werden schaumig gerührt. Feingewiegtes Selchfleisch, geriebener Emmentaler, feingeschnittenes Sauerkraut und die gewürfelten Semmeln werden dazugegeben und gut vermischt. In eine Serviette wickeln, rund drücken, zubinden und 20 Minuten in Salzwasser kochen. Den Knödel oben etwas aufreißen, ein Paradeiser hineinsetzen, auf einer Platte anrichten und braune Butter darübergießen.

Dazu in Butter gedünstete Fisolen und Paradeisscheiben reichen.

Der Name dieser besonders guten Knödel leitet sich von der Stadt Steyr ab, die zwar für die „Steiermark" Pate stand, aber in Oberösterreich liegt.

Durcheinanderknödel
(Rezept aus Großmutters Kochbuch)

300 g Weißbrot, 7-8 Eßlöffel Speckwürfel, 2 Eier, Salz, Milch, Mehl

Das Weißbrot schneidet man kleinwürfelig. Ebenso wird der Speck geschnitten und geröstet, über die Brotwürfel gegeben und durchgemischt. Dann versprudelt man die Eier mit Salz und Milch, übergießt die Brotwürfel damit, läßt sie aufweichen und bindet sie mit Mehl zu einer Knödelmasse. Daraus werden nun 7 bis 8 Knödel geformt, die man in Salzwasser 10 Minuten kochen läßt.

Als Beilage gab es früher Sauermilch, heute meist gekochtes Sauerkraut, warmen Krautsalat oder grünen Salat.

Räuberknödel

500 g rohe geriebene Erdäpfel, 500 g gekochte, geriebene Erdäpfel, 1-2 ganze Eier, 100 g geröstete Semmelwürfel, 2-3 Eßlöffel Grieß, Salz

Die geriebenen, gekochten Erdäpfel und die rohen (gerieben und ausgepreßt) werden mit den Eiern, den gerösteten Semmelwürfeln und dem Grieß zu einem Teig geformt und in kochendem Wasser 10 Minuten gegart.

Räuberknödel gibt es noch im Mühlviertel als Beilage zum Geselchten oder zum Schweinsbraten.

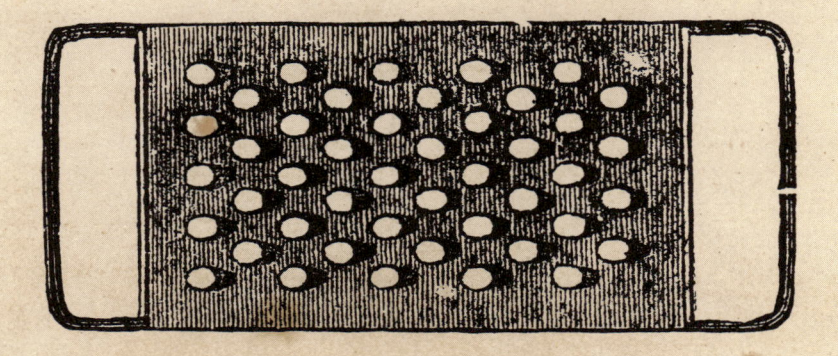

Grießknödel
(Rezept aus dem Innviertel)

60 g Speck, 40 g Fett, 350 g Grieß, 40 g Brösel, Salz, ¼ l Wasser

Man läßt den Speck in Fett anrösten und gibt Grieß und Brösel dazu, salzt und übergießt die Masse mit kochendem Wasser. Dann läßt man das Ganze ca. 10 Minuten ziehen, formt Knödel, die man in kochendes Wasser einlegt und ca. 20 Minuten gart.

Grießknödel sind eine sehr beliebte Beilage zu Geselchtem und Sauerkraut.

Polentaknödel

60 g Maisgrieß, ½ l Wasser (knapp), 1 Prise Salz, 20 g Butter

Die Zubereitung erfolgt über dem Wasserbad, um ein Anbrennen zu verhüten. Der Maisgrieß wird in das kochende Salzwasser eingerührt, bis sich eine feste Masse bildet. So lange weiterkochen lassen, bis das Wasser aufgesogen ist. Nun mit einem Löffel Knödel herunterstechen, die man mit zerlassener Butter beträufelt. Zu Polentaknödeln schmecken Salate vorzüglich.

Mit Milch übergossen wird dieses Gericht als erstes Frühstück gegessen.

Topfenknödel

100 g Grieß, 30 g Butter, ¼ Topfen, 1 Ei

Man zerläßt die Butter und rührt den Grieß ein. Dazu gibt man Topfen und Ei, formt Knödel und legt sie in kochendes Wasser.

Ganz besonders gut schmecken die Knödel, wenn man sie mit viel Zucker und mit zerlassener Butter übergossen zu Tisch bringt.

Marillenknödel aus Topfenteig

250 g Topfen, 40 g Butter, 2 Dotter, ⅛ l saurer Rahm, Salz, 500 g Mehl, 500-750 g Marillen, Semmelbrösel, Butter, Zucker

Aus Topfen, Butter, Rahm, Dotter, Salz und Mehl macht man einen Teig, walkt ihn aus, schneidet Vierecke aus, dreht in die Vierecke Marillen ein und formt Knödel daraus, die man in kochendes Salzwasser legt und ca. 10 Minuten garen läßt. Inzwischen röstet man Semmelbrösel in Butter, gibt die fertigen Marillenknödel hinein und rollt sie einige Male hin und her. Gut gezuckert bringt man sie dann zu Tisch.

Nach demselben Rezept macht man auch die Zwetschgenknödel.

Zwetschkenknödel aus Erdäpfelteig

*1 kg Erdäpfel, 2 Eier, Salz, 30 g Butter, 300 g Mehl,
etwa 1 kg mittelgroße Zwetschken*

Man kocht die Erdäpfel, schält und passiert oder zerdrückt sie mit einer Gabel, gibt 2 ganze Eier, Salz, Butter und Mehl dazu und verarbeitet alles zu einem Teig, aus dem man kleine Stücke schneidet. Mit Zwetschken füllen, Knödel formen und diese ca. 10 Minuten in kochendes Salzwasser legen. Inzwischen röstet man Semmelbrösel in Butter, gibt die fertigen Knödel hinein und rollt sie darin.

Nach demselben Rezept werden die Marillenknödel gemacht. Zur Verbesserung des Geschmacks kann man in die entkernten Früchte jeweils ein Stück Würfelzucker einlegen.

Notizen & weitere Rezepte:

fig. 8

Mehl- und Süßspeisen

„Mehlspeise" ist die österreichische Bezeichnung für Nachtisch oder Dessert, auch wenn darin gar kein Mehl verwendet worden ist. Manche Scherze beziehen sich darauf, daß der Wirt als Mehlspeise auch Obst, Kompott oder Eis anbietet. Die österreichische Küche hat aber gerade durch den süßen Nachtisch besondere Bedeutung erlangt. Dies können nun Torten, Palatschinken, Zwetschkenknödel oder — im engeren Sinne — Buchteln, Pofesen, Krapfen und Kuchen sein.

Buchteln (Wuchteln)

500 g Mehl, 25 g Germ, ⅛ l Milch, 80 g Butter, 60 g Zucker, 2-3 ganze Eier

Das Mehl wird erwärmt. Von 25 g Germ wird ein Dampferl mit 4 Eßlöffeln Milch, einem Stück Zucker und so viel Mehl gerührt, daß ein leichter Teig entsteht. Zum Mehl mischt man ⅛ l Milch, die zerlassene Butter, Zucker und Eier und zum Schluß das aufgegangene Dampferl, schlägt den Teig gut ab und läßt ihn zugedeckt an einem warmen Ort aufgehen. Man sticht dann den Teig aus, füllt ihn nach Belieben mit Marmelade o. ä., legt die Buchteln in eine mit Butter befettete Pfanne, bestreicht sie mit zerlassener Butter, läßt sie nochmals gehen und bäckt sie.

Gebackene Mäuse

Germteig wie bei den Krapfen (s. S. 97), 50 g Rosinen

Man bereitet einen etwas weicheren Germteig, läßt ihn gehen und sticht mit einem Löffel Nockerln aus, die man in heißem Fett bäckt. Zur Verbesserung des Teiges gibt man 50 g Rosinen bei.

Wespennester
(Rezept aus der Innviertler Küche)

250 g Butter, 3 Eier, 2 Dotter, ½ Seitel Milch, 2 Löffel Germ, Salz, Zucker, Mehl; Äpfel, Zwetschken oder Weinbeeren

Die Butter wird flaumig abgetrieben. Eier und Dotter dazugeben, Milch und Germ, Salz und Zucker und soviel Mehl, daß der Teig so fest ist wie ein Krapfenteig. Dann läßt man ihn gehen, gibt ihn auf ein Nudelbrett, walkt den Teig, schneidet ihn in 4 Finger breite, handlange Streifen. Man füllt diese mit Äpfeln, Zwetschken oder Weinbeeren, rollt sie zusammen und legt sie in eine Kasserolle, in die man zerlassene Butter gegeben hat. Noch einmal gehen lassen und dann im Rohr backen. Mit gezuckerter Milch kann man die Wespennester zu Tisch bringen.

Wespennester
(Rezept aus der Mühlviertler Küche)

500 g Mehl, 6 Erdäpfel, etwas Salz, 3 Eßlöffel Kristallzucker, 1 Schale Milch, 1 ganzes Ei, 4 Äpfel, Rosinen oder Heidelbeeren, zerlassene Butter

Die Erdäpfel werden gerieben, dann gibt man Mehl und Salz dazu und verarbeitet alles zu einem Teig. Man walkt diesen aus und gibt als Fülle feinblättrig geschnittene Äpfel, entweder mit Rosinen oder Heidelbeeren, auf den Teig. Zur Verfeinerung der Speise verteilt man auch einige Eßlöffel zerlassene Butter darüber. Dann rollt man das Ganze zu einem Strudel. Diesen schneidet man nun in 5 bis 7 cm lange Stücke, die man in ein Gefäß mit zerlassener Butter stellt und im Rohr überbäckt. Sodann richtet man eine Schale Milch, versprudelt ein Ei damit und gießt es über die Speise. Man bäckt alles 30 bis 45 Minuten.

Diese Speise ist besonders im Mühlviertel sehr beliebt und wird dort noch sehr oft gemacht.

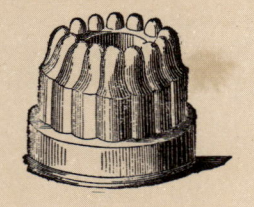

Linzer Gugelhupf

180 g Butter, 4 Dotter, 180 g Zucker, Saft einer halben Zitrone, 1 Paket Vanillezucker, 250 g Mehl, Rosinen, ½ Paket Backpulver, Schnee von 4 Eiklar

Die Butter rührt man flaumig, gibt die Dotter dazu und den Zucker, den Vanillezucker und den Saft der halben Zitrone und rührt alles zusammen zu einer flaumigen Masse. Zum Schluß werden Rosinen und Mehl mit Backpulver in die Masse gerührt. Man hebt den Schnee von 4 Eiern leicht darunter.

Eine Gugelhupfform wird mit Butter bestrichen und mit Mehl bestaubt. Die Gugelhupfmasse wird nun in die Gugelhupfform gegeben und bei mittlerer Hitze ca. 30 bis 45 Minuten gebacken.

Marillen- oder Kirschenkuchen

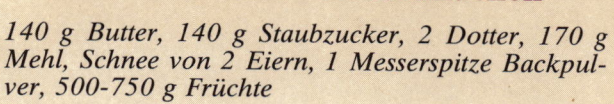

140 g Butter, 140 g Staubzucker, 2 Dotter, 170 g Mehl, Schnee von 2 Eiern, 1 Messerspitze Backpulver, 500-750 g Früchte

Butter, Staubzucker und Dotter werden flaumig gerührt und das Mehl mit dem Backpulver dazugerührt. Zum Schluß zieht man den Schnee ganz leicht unter die Masse.

Man kann den Teig auf ein befettetes und bemehltes Blech geben oder in eine Tortenform. Je nach Belieben wird man auf den Teig Marillen oder Kirschen legen.

Er ist bestimmt köstlich!

Linzer Augen

150 g Mehl, 100 g Butter, 50 g Staubzucker, 1 Eidotter, geriebene Schale einer Zitrone, Salz, Vanillezukker, Marmelade zum Füllen

Die Zutaten werden zu einem Teig verarbeitet. Dieser sollte ca. 30 Minuten rasten. Dann wird der Teig auf einem bemehlten Brett ausgewalkt. Es werden mit einem Glas Scheiben ausgestochen. Die Hälfte der Scheiben wird mit Hilfe eines Fingerhutes mit 3 Löchern versehen, mit Ei bestrichen und gebacken. Die Unterteile bestreicht man mit Marmelade, die mit den 3 Augen setzt man darauf.

Osterwecken

Im Innviertel kommt es heute noch vor, daß zu den Osterfeiertagen das Godenkind seinen „Goden" (Paten) besucht und dafür einen Osterwecken bekommt.

500 g Mehl, 150 g Butter, 30 g Zucker, 4 ganze Eier, 30 g Germ, 1/8 l Milch, Salz, Dotter

Aus den Zutaten einen festen Germteig bereiten. Nach dem Aufgehen längliche Wecken formen, die man zugedeckt und an einem warmen Ort noch einmal aufgehen läßt. Man bestreicht die Wecken mit versprudeltem Dotter und bäckt sie aus.

Österliche Wachsstöcke aus Germteig

20 g Germ, etwas lauwarme Milch und Zucker, 500 g erwärmtes Mehl, 125 g zerlassene Butter, Salz, 1 Paket Vanillezucker, 2 Eier, 1 Eßlöffel Rum

Aus Germ, lauwarmer Milch, Zucker, Mehl, zerlassener Butter, Salz, Vanillezucker, Eiern und Rum macht man einen festen Germteig. Gut gehen lassen, dann in faustgroße Stücke teilen. Diese nochmals vierteln, zu gleichen Strängen rollen, die zu einem Viererzopf geflochten werden. Wie eine Schnecke einrollen, die Enden nach unten einschlagen. Mit versprudeltem Dotter bestreichen und nach dem Aufgehen goldgelb bis goldbraun backen.

Die uralten Gebildbrote sind fast in Vergessenheit geraten. Weil sie aber so hübsch sind, sollte man sie wieder in Erinnerung bringen.

Apfelspalten oder Apfelradeln, gebacken

4 Äpfel, Fett zum Backen
Teig:
250 g Mehl, Salz, Wein oder Milch, Zucker, 1 Eidotter

Das Mehl wird mit Salz, Wein oder Milch, Zucker und einem Eidotter verrührt. Die Äpfel werden geschält, das Kernhaus ausgestochen, in Scheiben geschnitten, in den Teig getaucht und in heißem Fett gebacken.

Scheiterhaufen I

4 blättrig geschnittene Semmeln, ca. ¼ l Milch, 2 Eier, Zimt, Zitronenschale, Vanillezucker, 250 g Äpfel, 40 g Rosinen, 40 g Zucker, 30 g Butter, Fett für die Auflaufform

Milch und Eier werden versprudelt, Zimt, Zitronenschale und Zucker dazugegeben und alles über die blättrig geschnittenen Semmeln gegossen. Die halbe Masse in eine bebutterte Form geben. Geschälte, blättrig geschnittene Äpfel, Rosinen und Zucker auflegen, dann die restliche Semmelmasse daraufgeben, mit zerlassener Butter beträufeln und ca. 40 Minuten im Rohr backen.

Scheiterhaufen II
(Rezept aus dem Mühlviertel)

4 Semmeln, 2 Äpfel, ¼ l Milch, Rosinen, 2 Eier

Die Semmeln werden dünn geschnitten. Eine Lage wird in eine befettete Kasserolle gegeben, darauf folgt eine Lage geschälte und dünnblättrig geschnittene Äpfel, darauf Rosinen und wiederum eine Lage geschnittene Semmeln, bis die Kasserolle voll ist. Dann versprudelt man Milch und Eier und gießt sie über die Speise. Im Rohr bäckt man sie dann bei mittlerer Hitze ca. 30 Minuten. Kräftig gezuckert bringt man den Scheiterhaufen zu Tisch.

Pofesen oder Zwetschkenpofesen

4 Semmeln oder 8 dünne Scheiben Weißbrot, 50 g Marmelade (Powidl-, Marillen- oder Ribiselmarmelade), ca. ⅛ l Milch, Vanillezucker, 2 Eier, Fett oder 80 g Butter, Staubzucker mit Zimt vermischt

Die Semmeln waagerecht halbieren und jede Hälfte noch einmal einschneiden. Die Zwischenräume mit Marmelade bestreichen. Die zusammengelegten Schnitten in Milch (mit Vanillezucker), dann in die versprudelten Eier tauchen und in heißem Fett ausbacken. Abtropfen lassen und mit Zimtzucker bestreuen.

Hasenöhrl

"Hasenöhrl" wurden früher ungezuckert zu Salaten oder Kraut gegessen, heute ißt man sie fast nur noch gezuckert mit Kompotten.

150 g Mehl, 1 Ei, 1 Eidotter, 1/16 l Wein, Salz, Backfett, Staubzucker, 20 g Butter

Mehl, Eidotter, Butter, Wein und Salz auf einem Brett zu einem Teig verarbeiten und diesen 30 Minuten rasten lassen. Dann walkt man den Teig messerrückendick aus und radelt oder schneidet ihn zu Dreiecken. Diese werden in heißem Fett goldgelb gebacken, wobei sie hoch aufgehen und innen hohl bleiben. Beim Wenden sollte man daher besonders vorsichtig sein, damit man die "Hasenöhrl" nicht ansticht. Sie werden gezuckert serviert.

Rumkugeln für den Weihnachtstisch

100 g Zucker, 100 g geriebene Nüsse, 100 g geriebene Schokolade, 1 Eidotter, Rum nach Bedarf, Kristallzucker

Alles wird zu einem modellierfähigen Teig vermengt. Die daraus geformten Kugeln läßt man an der Luft trocknen und wälzt sie schließlich in Kristallzucker.

Notizen & weitere Rezepte:

fig. 9

Torten und Schnitten

Auf dem Gebiet der Mehlspeisen brachte Oberösterreich einige berühmte Erzeugnisse hervor. Allen voran steht die berühmte „Linzer Torte". Von dieser habe ich einige gute Rezepte in Erfahrung gebracht, die ich alle anführen möchte. Aber auch die „Gramastettner Krapferl" und die „Gmundener Torte" müssen hier erwähnt werden.

Auch dem linienbewußten Oberösterreicher gelingt es nicht, seine Schlankheit zu bewahren, da er in den Auslagen der vielen Konditoreien von leckersten Torten und Schnitten verführt wird. Manche dieser Konditoreien haben Weltruhm erlangt, so in der alten kaiserlichen Sommerfrische Bad Ischl der „Zauner". Aber auch die guten Hausfrauen machen für einen Besuch, für ein Sonntagsessen, selbstverständlich auch für Fest- und Feiertage eine schmackhafte Torte, meist nach ihren Hausrezepten. Diese Mehlspeisen halten sich nicht lange — was die Gäste übriglassen, vertilgt die Familie in Kürze.

Linzer Torte I (mit Mandeln)

250 g Butter, 250 g Zucker, 3 Dotter, 1 Ei, 250 g geschälte geriebene Mandeln oder Haselnüsse, 270 g Mehl, 1 gestrichener Kaffeelöffel Backpulver, Ribiselmarmelade, 1 Oblate, Zimt, Salz, Rum

Aus Butter, Zucker und Dotter wird ein Abtrieb gerührt; man gibt Salz, Rum und Zimt dazu, danach die Nüsse und zum Schluß das Mehl mit dem Backpulver. Auf dem Brett arbeitet man aus dem Mehl, den Mandeln und dem Abtrieb einen lockeren Teig und läßt ihn eine 30 Minuten rasten. Jetzt gibt man die Hälfte der Masse in eine befettete und bemehlte Tortenform, streicht sie glatt und legt eine Oblate darauf (je nach Größe zugeschnitten). Darauf verteilt man die Ribiselmarmelade, jedoch nicht ganz bis zum Rand, denn dieser wird mit versprudeltem Ei bestrichen. Dann formt man aus der zweiten Teighälfte ein Tortengitter, legt ein Teigband auf den mit Ei bestrichenen Rand, den anderen Teil verwendet man zu dünnen Röllchen, die man in einem Gitter auf die Ribiselmarmelade legt. Die Torte wird dann mit dem versprudelten Ei bestrichen und bei mittlerer Hitze gebacken.

Bitte ausprobieren!

Linzer Torte II (mit Mandeln)

140 g Butter, 3 Dotter, Saft und Schale einer Zitrone, Zimt, 140 g Zucker, 140 g braungeriebene Mandeln, 140 g Mehl, Ribiselmarmelade

Zu der flaumig abgetriebenen Butter werden 3 Dotter sowie Saft und Schale einer Zitrone, Zimt, Zucker, Mandeln und Mehl beigemengt. Der Teig muß rasten. Dann gibt man die Hälfte davon in eine Tortenform, bestreicht ihn mit Marmelade, belegt ihn mit einem Gitter aus dem restlichen Teig und läßt ihn 45 Minuten backen.

Linzer Torte III (ohne Mandeln)

280 g Butter, 70 g Staubzucker, 300 g glattes Mehl, Zitronenschale, geriebene Muskatnuß, 1 Eßlöffel Rum, 1 Oblate, Ribiselmarmelade

Zucker und Mehl arbeitet man auf einem Nudelbrett in die Butter ein, würzt mit geriebener Muskatnuß, Zitronenschale und Rum. Die Hälfte der Masse füllt man in eine befettete und mit Mehl gestaubte Tortenform, deckt sie mit einer Oblate ab, streicht Ribiselmarmelade darüber und dressiert den Rest der Tortenmasse darauf. Gebakken wird die Torte in mittelheißem Rohr.

Gmundner Torte

Neben der berühmten „Linzer Torte" gibt es in Oberösterreich eine ebenso beliebte und fast so berühmte „Gmundner Torte".

Mürbteig:
300 g Mehl, 150 g Butter, 100 g Zucker
Preiselbeermarmelade zum Füllen
100 g Butter, 3 Eier, 150 g Staubzucker, 1 Paket Vanillezucker, geriebene Zitronenschale, 1 Eßlöffel Rum, 80 g Semmelbrösel, 200 g Haselnüsse, ½ Paket Backpulver, Schokoladeglasur

Der Boden der Gmundner Torte ist aus Mürbteig. Den Teig drückt man am besten messerrückendick in eine Tortenform und läßt ihn leicht backen, bestreicht den vorgebackenen Teig mit Preiselbeermarmelade — nicht ganz bis zum Rand.

Die Gmundner Torte wird nun aus Butter, Zucker und Dotter sehr flaumig gerührt. Dann mischt man Vanillezucker, geriebene Zitronenschale, Rum, geriebene Haselnüsse und die mit Backpulver vermischten Brösel darunter, zum Schluß ganz vorsichtig den Schnee von 3 Eiern.

Diese Masse gibt man auf den mit Marmelade bestrichenen Tortenboden und bäckt sie bei mittlerer Hitze. Nach dem Erkalten übergießt man die Torte mit Schokoladeglasur.

Diese Torte wird Ihnen schmecken!

Kleine Schokoladetorte

180 g Butter, 180 g Zucker, 180 g Mehl, 4 Dotter, Schnee von 4 Eiklar, 1 Messerspitze Backpulver, 90 g Schokolade (im Rohr weich gemacht)
Fülle:
125 g Butter oder Margarine, 150 g Staubzucker, 1 Dotter, 3 Rippen Schokolade

Butter, Zucker und Eidotter werden flaumig gerührt. Dann mischt man die im Rohr weichgemachte Schokolade darunter und rührt das Mehl mit dem Backpulver in die Masse. Schließlich schlägt man den Schnee von 4 Eiklar und zieht ihn ebenfalls langsam durch den Teig. Die Tortenmasse wird nun in eine bebutterte und mit Mehl gestaubte Tortenform gegeben und ca. 45 Minuten im Rohr bei mittlerer Hitze gebacken.

Die Torte wird geteilt und mit der Fülle bestrichen; sie ist aber auch als Glasur geeignet.

Nußtorte

140 g Zucker, 6 Eier, 140 g Nüsse, 1 Eßlöffel Semmelbrösel, ½ Eßlöffel Mehl, 3 Eßlöffel Rum, Zimt, Nelken

Eier und Zucker werden schaumig geschlagen. Dann gibt man nach und nach Rum, Zimt und Nelken in die Masse und zum Schluß mischt man ganz leicht Nüsse, Semmelbrösel und Mehl darunter.

Bei mittlerer Hitze wird die Torte ca. 45 Minuten gebacken.

Ribiselschnitten

Teigboden:
150 g Staubzucker, 1 Paket Vanillezucker, 3 Dotter, 3 Eßlöffel Wasser, 50 g Butter, 250 g Mehl, ½ Paket Backpulver, 1/16 l Milch
Aufstrich:
3 Eiklar, 200 g Zucker, 1 Paket Vanillezucker, 300 g Ribisel

Man rührt Zucker, Dotter, Vanille und Wasser schaumig, mengt nach und nach zerlassene Butter mit Mehl, Backpulver und Milch ein, streicht den Teig fingerdick auf ein befettetes Blech und bäckt ihn hellgelb.

Inzwischen wird der Schnee geschlagen, Zucker löffelweise dazugegeben, Vanille und Ribisel werden eingemengt. Dann streicht man die Masse auf den Kuchen und bäckt ihn bei geringer Hitze fertig. Nach dem Erkalten in Schnitten schneiden.

Linzer Schnitten

150 g Mehl, 100 g Butter, 50 g Staubzucker, 50 g abgezogene, feingeriebene Mandeln, 1 Eidotter, feingeriebene Schale einer Zitrone, Vanillezucker, Salz, Marmelade zum Füllen

Die Zutaten werden zu einem Mürbteig verarbeitet und zum Rasten kalt gestellt. Dann nimmt man ungefähr zwei Drittel des Teiges und streicht ihn auf das gut befettete Backblech. Der Rest des Teiges wird für das Gitter verwendet, das man schräg darüberlegt. Die Zwischenräume werden mit Ribiselmarmelade ausgefüllt. Die Linzer Schnitten werden bei mittlerer Hitze gebacken, bis sie Farbe bekommen, und noch heiß in Vierecke geschnitten. Nach dem Erkalten anzuckern.

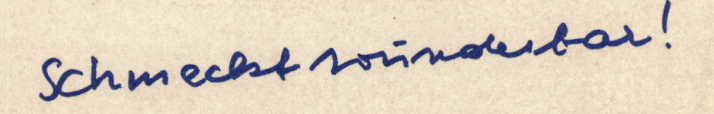

Schmeckt wunderbar!

Dattelschnitten für die Weihnachtsbäckerei

Für je ein Eiklar nimmt man 70 g Zucker. Zuerst die Eiklar schlagen, dann zwei Drittel des Zuckers einrieseln lassen. Den Rest in feinem Kristallzucker leicht untermischen. In diese Mischung rührt man wieder je 70 g geschnittene Datteln und ebensoviel geriebene Nüsse. Die Masse auf Oblaten streichen, die man auf ein Blech gelegt hat.

Ins sehr heiße Rohr wenige Minuten hineingeben, dann ganz klein stellen und warten, bis die Schnitten leicht Farbe bekommen.

Mit scharfem Messer (in heißes Wasser eintauchen!) in kleine Schnitten schneiden.

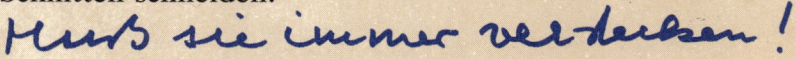

Muß sie immer verdecken!

Nußschnitten für die Weihnachtsbäckerei

*260 g Mehl, 210 g Butter, 110 g Nüsse, 70 g Zucker,
2 Dotter, säuerliche Marmelade zum Bestreichen
Glasur:
2 Eiklar, 150 g Zucker*

Mehl, Butter, Nüsse, Zucker und 2 Dotter vermengen, den Teig am besten in 3 Stücke schneiden und die Stücke der Reihe nach mit den Handballen auf das befettete, bemehlte Blech drücken. (Wenn man den Teig mit dem Nudelwalker ausrollt, bleibt er leider daran kleben.) Den Teig im Rohr halb backen, herausnehmen und säuerliche Marmelade darauf streichen. Dann die Eiklar mit Zucker schlagen, darüber streichen und fertig backen.

Die Nachbarn haben schon alle mein Rezept. Probieren Sie es auch?

Schokoladeschnitten

4 Eier, 200 g Butter oder Margarine, 200 g Zucker, 3 Rippen Schokolade, 150 g Mehl, säuerliche Marmelade zum Bestreichen
Glasur:
150 g Fett (Butter oder Margarine), 150 g Schokolade

Eier, Butter und Zucker werden flaumig abgetrieben, dann gibt man die geriebene oder im Rohr erweichte Schokolade in die Masse, rührt das Ganze noch etwas ab und mengt schließlich ganz leicht das Mehl unter die Masse.

Das Blech vorher etwas einfetten, dann mit der Teigmasse bestreichen, backen. Wenn ausgekühlt, dünn mit säuerlicher Marmelade bestreichen und mit Schokoladeüberguß versehen, der wie folgt bereitet wird: Butter und Schokolade in ein Gefäß geben und auf einen Topf mit kochendem Wasser stellen. Fett und Schokolade so lange rühren, bis eine schöne glatte Flüssigkeit entsteht. Diese sogleich über die Bäckerei gießen.

Sie werden diese Schnitten bestimmt noch einmal machen!

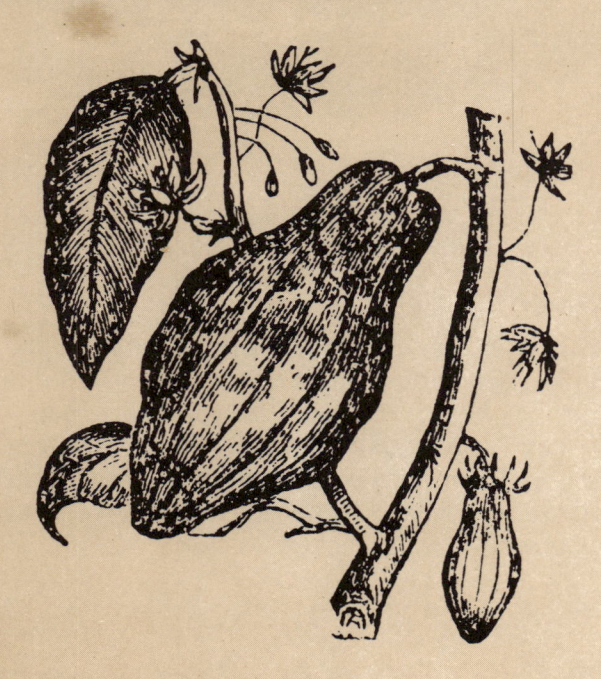

Notizen & weitere Rezepte:

fig . 10

Krapfen und Krapferln

Krapfen kamen nicht immer süß auf den Tisch. Früher, besonders in der Fastenzeit und nach dem Dreschen, aß man sie häufig und gerne zum „Schweinsbratl" an Stelle des Knödels. Ich kann mich noch gut erinnern, daß ich einmal als 10- bis 12jährige voll Verwunderung zusah, wie Knechte und Mägde bei einem Festschmaus nach dem Dreschen (im Innviertel) Bauernkrapfen, die auf einer riesigen Schüssel aufgetürmt waren, in kleine Stücke zerrissen und zum „Eintunken" in den Bratensaft verwendeten. Das war mir bisher völlig unbekannt gewesen. Zu Hause hatten wir Bauernkrapfen entweder gezuckert zu Kompott oder Apfelmus gegessen oder mit Marmelade als Nachspeise.

Bauernkrapfen aus Germteig
(25 Stück)

500 g Mehl, 40 g Zucker, 35 g Fett (Butter), 3 Dotter, 30 g Germ, ¼ l Milch, Zitronenschale, 1½ Eßlöffel Rum, Vanillezucker

Man macht aus Mehl, Zucker, Butter, Germ, Milch, den 3 Dottern und Salz einen Germteig, schlägt ihn sehr gut ab, läßt ihn gehen, sticht mit einem Löffel Nockerln aus, die man auf Mehl zu Krapferln dreht, zugedeckt gehen läßt, mit bemehlten Fingern rund auszieht und in heißem Backfett bäckt.

Allgemeines für die Bereitung des Germteiges:

1. Wärmen des Mehles
2. Wärmen der Milch
3. Bereiten eines Dampferls: Man nimmt 4 Eßlöffel warme Milch, ein Kaffeelöffel Zucker, zerbröselte Hefe und so viel Mehl, daß ein leichter Teig wird, den man aufgehen läßt.
4. Vermischen aller Zutaten und des Dampferls mit dem Mehl.
5. Schlagen des Teiges, bis er sich vom Kochlöffel löst.
6. Eine Stunde rasten lassen.

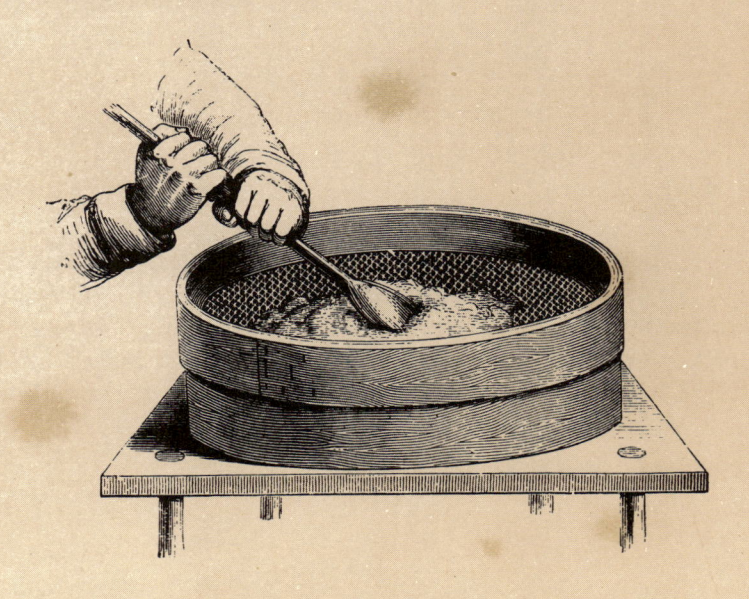

Faschingskrapfen aus Germteig

70 g Butter, 6 Dotter, 1 Löffel Rum, 280 g Mehl, etwas Salz, 1 Löffel Zucker, ca. ⅛ l Obers oder Milch, 20 g Germ, Marillenmarmelade

Die Butter wird mit den Dottern recht flaumig abgetrieben. Dann gibt man Rum und etwas Salz dazu. Danach rührt man zu dem Mehl die Milch (oder Obers), den Zucker und den Germ und schlägt den Teig ab, bis dieser sich vom Kochlöffel löst. Man stellt nun den Teig an einen warmen Ort und läßt ihn zugedeckt aufgehen. Dann drückt man auf einem bemehlten Brett den Teig flach und sticht mit einem Wasserglas Formen aus. Auf jede runde Form (Krapferl) gibt man etwas Marillenmarmelade und legt ein ebenso großes Stückchen Teig darauf. An den Rändern mit den Fingern leicht zudrücken und mit einem kleineren Wasserglas oder Krapfenstecher ausstechen. Man läßt die fertigen Krapfen noch eine Weile an einem warmen Ort aufgehen und gibt sie dann in eine Pfanne mit heißem Fett. Schwimmend ausbraten. Tip: Die Krapfen darf man nicht zu eng in die Pfanne legen, muß sie aber vorerst zudecken. Wenn das Fett zu zischen beginnt, ist es Zeit, die Krapfen umzudrehen. Nicht mehr zudecken. Goldgelb nimmt man sie dann aus der Pfanne und bestreut sie mit Staubzucker.

Ischler Krapferln

250 g Mehl, 250 g Butter, 250 g Zucker, 170 g geriebene Mandeln, 1 Messerspitze Zimt, Marmelade zum Füllen

Mehl, Butter, Zucker, Mandeln und Zimt werden zu einem Mürbteig verarbeitet, den man messerrückendick auswalkt. Dann sticht man runde Krapfen aus. In die Hälfte dieser Krapfen sticht man mit dem Fingerhut 3 Löcher aus. Die Krapfen backt man auf einem befetteten Blech und setzt sie — ein ganzer und ein durchlöcherter Krapfen mit Marmelade gefüllt — aufeinander.

Utensilien

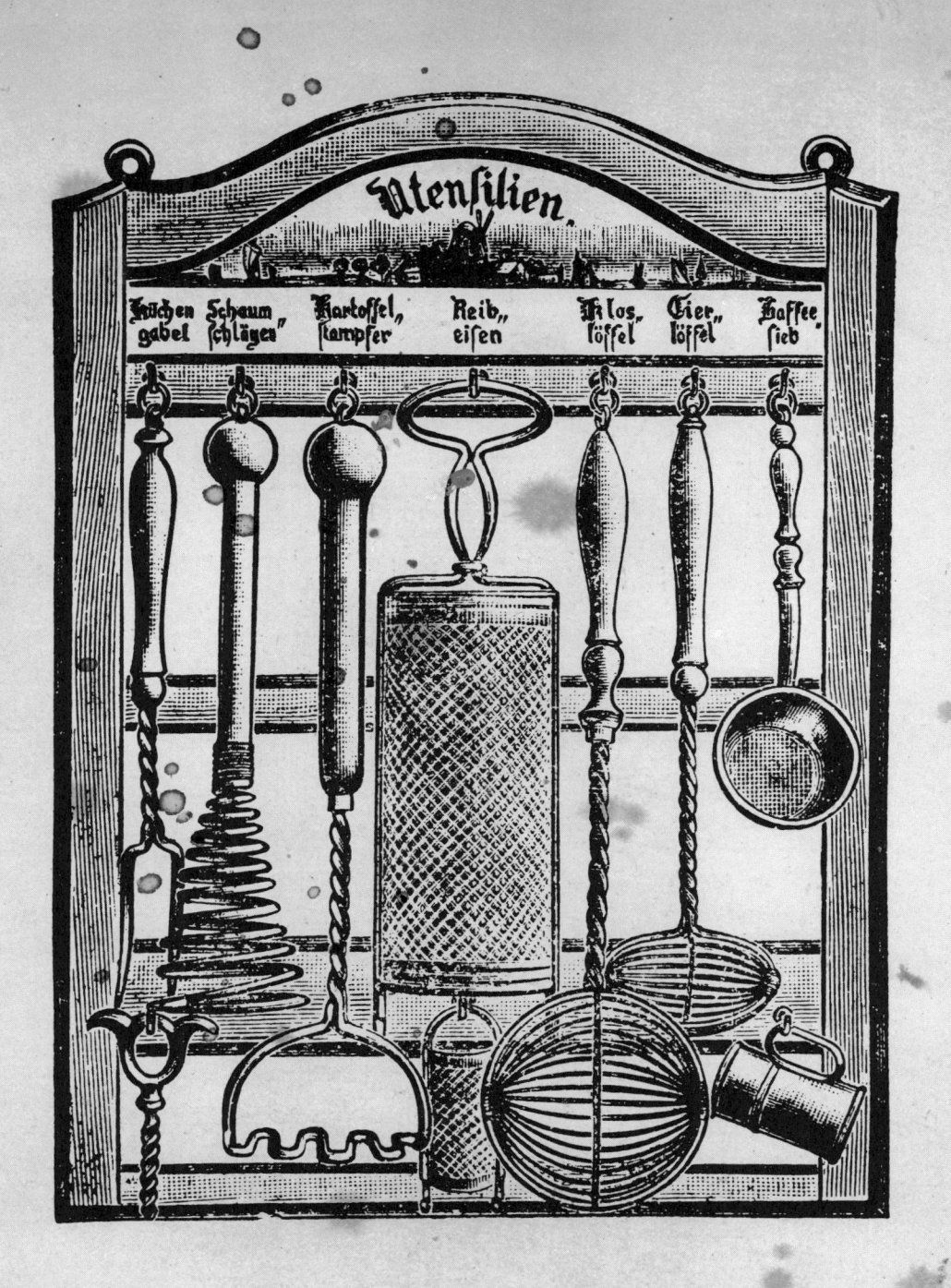

Küchengabel · Schaumschläger · Kartoffelstampfer · Reibeisen · Kloßlöffel · Eierlöffel · Kaffeesieb

Gramastettner Krapferln

Gramastetten ist ein netter, kleiner Ausflugsort der Linzer, die gerne bei der dortigen Bäckerei und Konditorei einkehren, um einige der sehr schmackhaften Krapferln mit nach Hause zu nehmen. Das Originalrezept hütet man hier wie ein Staatsgeheimnis.

200 g Butter, 100 g Staubzucker, 1 Paket Vanillezucker, die Schale einer halben Zitrone, 1 Eßlöffel Rum, 300 g Mehl, Milch nach Bedarf

Butter und Staubzucker werden flaumig gerührt, dann gibt man Rum, geriebene Zitronenschale und Mehl dazu und mengt den Teig sehr gut ab. Zum Schluß fügt man so viel Milch bei, daß sich der Teig gut dressieren läßt. Den Teig soll man ca. 30 Minuten rasten lassen, bevor man ihn in den Spritzsack füllt. Auf ein befettetes Backblech kleine, kreisrunde Krapferln dressieren. Diese bei guter Hitze hellgelb backen.

Erdäpfelkrapferln

750 g Erdäpfel, 200 g Mehl, Salz, 2 Eier

Aus den Erdäpfeln (gekocht, zerdrückt oder passiert), Mehl, Salz und den Eiern arbeitet man einen Teig, walkt ihn fingerdick aus, sticht mit einem Wasserglas Krapfen aus und bäckt diese in heißem Fett goldgelb.

Notizen & weitere Rezepte:

fig. 11

S

Ansicht der Stadt Ebersberg in Ober Oesterreich.

...idel, Tascherln und Schmarrn

Vue de la ville d'Ebersberg en haute Autriche

Eine eigene Gruppe der Mehlspeisen sind die Strudel, die auch zur Jause, also zum Nachmittagskaffee, gerne gegessen werden. Als gute Hausmannskost gibt es zum Nachtisch Tascherln oder einen Schmarrn. Zur langwierigen Prozedur des Strudelteigausziehens (eine Sache „zieht sich wie ein Strudelteig"!) entschließt sich die Hausfrau in den kleiner gewordenen, modernen Küchen nur selten.

Strudelteig

200 g glattes Mehl, 1 Ei, Salz, ca. ¹/₁₆ l lauwarmes Wasser, 20 g Öl

Das Mehl wird auf ein Nudelbrett gegeben. In der Mitte des Mehls macht man ein Grübchen und gibt da hinein die übrigen Zutaten. Jetzt arbeitet man von der Seite nach und nach das Mehl ein, bis sich der Teig kneten läßt. Man bearbeitet ihn so lange mit den Handballen, bis er sich vom Brett löst. Der Teig soll ganz glatt und weich sein. Auf einem bemehlten Brett zugedeckt 30 Minuten rasten lassen.

Jetzt nimmt man ein ausgedientes Tischtuch und mehlt es ein (auf einem Tisch mit Kante!). Zuerst wird der Teig ausgewalkt und über den gekrümmten Handrücken so weit auseinandergezogen, bis der Teig in der Mitte ganz dünn wird. Jetzt legt man ihn auf das Tuch und zieht ihn zu den Ecken hin aus. Der Teig soll papierdünn werden und über die Kanten des Tisches gespannt sein. Wenn die Fülle fertig aufgetragen ist, hebt man das Tischtuch hoch und rollt den Teig ein. Nun legt man den Strudel auf ein befettetes Backblech, bestreicht ihn mit zerlassener Butter und bäckt ihn ca. 35 Minuten.

Apfelstrudel

Der ausgezogene Apfelstrudel und die Knödel stehen in Oberösterreich an erster Stelle.

Strudelteig (s. o.)
Fülle:
ca. 4 Äpfel, 60 g Rosinen, 40 g Butter, 80 g Semmelbrösel, Zimt, 100 g Zucker, 80 g Butter, Staubzucker

Während der Strudelteig rastet, werden säuerliche Äpfel dünnblättrig geschnitten. Dann röstet man Semmelbrösel in Butter, vermischt Zimt mit Zucker und zerläßt Butter in einem Häferl. Nun beträufelt man den ausgezogenen Strudelteig mit zerlassener Butter, streut Brösel darauf und verteilt die feingeschnittenen Äpfel über den Teig. Dann gibt man Zimt, Zucker und Rosinen darüber und rollt den Strudel ein. (Die dicken Ränder schneidet man ab.) Man legt ihn in die mit Butter ausgestrichene Kasserolle, bestreicht den Teig mit zerlassener Butter und bäckt ihn im Rohr goldbraun. Noch heiß schneidet man den Strudel in Stücke und überzuckert diese.

Topfenstrudel

Strudelteig (s. S. 105)
Fülle:
250 g Topfen, 50 g Butter, 40 g Staubzucker, 30 g Mehl, 1/8 l Sauerrahm, 2 Eier, 60 g Kristallzucker, geriebene Zitronenschale, Vanillezucker, 50 g Rosinen

Butter und die Hälfte des Zuckers, die geriebene Zitronenschale und Vanillezucker schaumig rühren und mit Dotter, Rahm, Topfen und Mehl vermischen. Dann wird der mit dem restlichen Kristallzucker geschlagene Schnee unter die Masse gehoben. Die Topfenfülle streicht man nun auf den ausgezogenen Strudelteig, bestreut mit Rosinen und rollt den Strudel zusammen. Man legt ihn in eine mit Butter befettete Pfanne, bestreicht ihn mit zerlassener Butter und bäckt ihn.

Nußstrudel, Mohnstrudel

400 g Mehl, 70 g Zucker, 80 g Butter, 20 g Hefe, Salz, 2 Dotter, 1/4 l Milch

Aus Mehl, Salz, lauwarmer Milch, Dotter, Zucker, zerlassener Butter und dem aufgegangenen Dampferl wird ein Germteig gemacht. Man schlägt ihn gut ab, läßt ihn 30 Minuten gehen, walkt ihn auf einem mit Mehl bestaubten Brett 1/2 cm dick aus, bestreicht ihn mit Fülle, rollt ihn locker ein, läßt ihn nochmals gehen und bestreicht ihn noch mit Ei. Bei leichter Hitze wird der Teig gebacken.

Nußfülle:
250 g geriebene Nußkerne, 100 g Zucker, etwas Zimt

Nüsse, Zucker und Zimt in 1/4 l Milch aufkochen und lauwarm auf den Strudelteig streichen.

Mohnfülle:
250 g feingemahlener Mohn, 100 g Zucker, geriebene Schale einer halben Zitrone, 1/4 l Milch, 1 Eßlöffel Honig, Vanillezucker, Zimt, 50 g Rosinen, 1 kleines Glas Rum

Mohn, Zucker, Zimt, Zitronenschale, Honig, Milch und Vanillezucker vermischen. Auf ganz kleinem Feuer unter öfterem Umrühren quellen lassen. Dann vom Feuer nehmen. Rum und Rosinen einrühren und auskühlen lassen. Die Fülle auf den Teig streichen.

Topfenblätterteig für Marmelade- oder Apfeltascherln

250 g Topfen, 250 g Butter, 250 g Mehl, Salz
Fülle:
Blättrig geschnittene Äpfel, Zimt und Zucker, Rosinen oder Marmeladefülle (Johannisbeeren oder Preiselbeeren)

Topfen, Butter, Salz und Mehl werden auf einem Nudelbrett zu einem Teig verarbeitet und zum Rasten 15-30 Minuten kalt gestellt. Dann walkt man einen messerrückendicken Teig aus und schneidet mit Hilfe eines „Radleisens" quadratische Flecke aus, die man mit Marmelade oder Apfelfülle belegt und zu Tascherln formt. In sehr heißem Rohr werden die Tascherln auf befettetem Blech goldgelb gebacken.

Mit Staubzucker bestreut und noch warm, so schmecken die Tascherln am allerbesten!

Grießschmarrn
(Rezept aus dem Mühlviertel)

250 g Grieß, 200 g Butter, 1 Prise Salz, 100 g Rosinen, ½ l Milch, 2 Eßlöffel Zucker

Grieß wird mit der Butter angeröstet. Rosinen und Salz werden dazugeben und die Milch hineingerührt. Dann deckt man das Gefäß zu und läßt den Schmarrn dünsten.

Grießschmarrn
(Rezept aus dem Traunviertel)

300 g Grieß, 1 l Milch, Salz, 50 g Butter, Zucker, 50 g Rosinen

Grieß und Butter werden geröstet, Salz und Rosinen dazugegeben und unter ständigem Rühren mit Milch aufgegossen. Dann deckt man den Schmarrn zu und läßt ihn dünsten. Ab und zu sollte man umrühren. Zum Schluß streut man einige Löffel Zucker darüber und läßt die Speise offen ein wenig anbräunen.

Mit Zucker bestreut, bringt man den Schmarrn mit Kompott auf den Tisch.

Man bestreut mit Zucker und serviert die Speise.

Semmelschmarrn

*4 blättrig geschnittene Semmeln, ¼ l Milch, 2-3 Eier,
Salz, Zucker*

Die Semmeln werden blättrig geschnitten. Milch und Eier, Salz und Zucker mischt und versprudelt man und schüttet dies über die geschnittenen Semmeln, mischt gut ab, läßt es eine Weile stehen und gibt dann alles in eine Pfanne mit heißer Butter. Wenn die Speise am Boden braun zu werden beginnt, sticht man sie auf und wendet sie. Mit Zucker und Zimt bestreut, wird sie serviert.

Ischler Schmarrn

*1 Glas Mehl, 4 Dotter, Zucker, Salz, Butter, Rosinen,
Schnee von 4 Eiklar, ½ Glas Milch*

Das Mehl versprudelt man mit den Dottern, gibt etwas Zucker und Salz dazu, mischt die Milch darunter und zum Schluß den Schnee von 4 Eiklar. Dann läßt man Butter in einer Pfanne zergehen, gibt den Teig in die Pfanne und läßt ihn 5 Minuten anbräunen. Jetzt gibt man Rosinen nach Belieben dazu, wendet den Teig und deckt ihn zu, damit ein Dampf entsteht, der den Teig auflockert. Nach 3 bis 4 Minuten den Teig in mittelgroße Stücke zerreißen, zuckern und mit einem Kompott servieren.

Speckschmarrn

*⅜ l Milch, 3 ganze Eier, 1 Eiklar, 5-6 Eßlöffel Mehl,
Salz, 150 g Speck*

Den Speck würfeln und rösten. Aus Milch, Eiern, Salz, Mehl und einem geschlagenen Eiklar bereitet man einen Teig. Die Speckwürfel hineingeben. Im sehr heißen Rohr in einer Kasserolle in ca. 15 Minuten zu einem Schmarrn backen.

Notizen & weitere Rezepte:

fig .12

Eierspeisen

Selbstverständlich ißt man auch in Oberösterreich Rühreier, Eierspeisen mit Speck oder mit Wurst. Hier sollen aber nur solche Gerichte besprochen werden, bei denen Eier einen wichtigen Bestandteil bilden.

Eierkäse

Der „Oakas", wie er im Innviertel genannt wird, ist eine spezielle Speise für die Osterfeiertage. In manchen Innviertler Orten wird er noch gerne gemacht, und ich hatte auch heuer zu Ostern das Glück, eine Kostprobe von dieser vorzüglichen Speise zu genießen. Weil die Zubereitung sehr viel Zeit in Anspruch nimmt und man eine Menge Eier (ab 20 Stück aufwärts) benötigt, wird sie nur noch von einigen Bäuerinnen für den Ostertisch hergestellt. Aber der „Oakas" ist absolut köstlich!

20 Eier, 4 l Milch (einen Tag alt), etwas Salz, 4 gestrichene Eßlöffel Zucker

Eier, Zucker und Salz werden mit dem Handmixer ca. eine 30 Minuten geschlagen, bis die Masse flaumig ist. Dann erwärmt man die Milch in einer Kasserolle und gießt die gerührte Masse langsam hinein. Die Masse darf nun nicht gerührt, sondern nur in der Kasserolle hin und her geschüttelt werden. Die Milch soll dann erhitzt werden. Man kann eventuell mit dem Kochlöffel die Masse hin und her bewegen, jedoch nicht in Uhrzeigerrichtung rühren! Durch die Schüttelbewegung (drehen der Kasserolle) fangen Eier und Milch zu stocken an (ca. 1 Stunde). Nun gießt man die gestockte Masse in die vorbereitete Eierkäseform. Diese gibt es im Innviertel zu kaufen. Sie ist aus Ton und hat entweder die Form eines Osterlammes oder eines Kuchens, aber mit kleinen Löchern am Boden. Vorher streut man noch Rosinen in den Boden der Käseform. Durch die Löcher kann die Milch ablaufen, und die gestockte Masse bleibt in der Lamm- oder Tortenform zurück.

Ausgekühlt, stürzt man die Masse auf einen Teller und serviert so das Lamm oder die Torte.

Auch die abgetropfte Milch „Stiermilch" schmeckt gut!

Grießauflauf

¼ l Milch, Salz, 40 g Grieß, 20 g Butter, 2 Dotter,
20 g Zucker, feingewiegte Zitronenschale, 2 Eiklar

In die kochende Milch gibt man Salz und Grieß und läßt ihn dick einkochen. Dann bereitet man aus Butter und den Dottern einen flaumigen Abtrieb. Man gibt Zucker und die gewiegte Zitronenschale, den ausgekühlten Grieß und den steifen Schnee dazu und backt die Masse in einer mit Butter ausgestrichenen Schüssel.

Palatschinken

140 g Mehl, ¼ l Milch, 2 Eier, 1 Eidotter, Salz, Fett,
150 g Marillenmarmelade zum Füllen, Zucker zum
Bestreuen

Mehl, Milch, die Eier, Eidotter und eine Prise Salz werden zu einem dicklichen Teig verrührt. Dann gibt man so viel Milch dazu, daß ein dünnflüssiger Teig entsteht. In der Pfanne läßt man Fett heiß werden und gießt so viel Teig hinein, daß der Boden dünn bedeckt ist. Bei mäßiger Hitze läßt man zuerst die eine Seite hellbraun backen, dann die andere Seite.

Jetzt bestreicht man die Palatschinken mit Marillenmarmelade, rollt sie zusammen und bestreut sie mit Zucker.

Man kann die Palatschinken auch mit anderer Marmelade füllen.

Topfenpalatschinken

Palatschinkenteig (s. oben)

Topfenfülle:
250 g Topfen, 1 Dotter, geriebene Zitronenschale,
3 Eßlöffel Zucker

Alle Zutaten verrühren und auf die Palatschinken streichen. Rollen und mit Zucker bestreut servieren.

Tip: Es gibt eine große Zahl von Möglichkeiten, Palatschinken zu füllen, z. B. mit Nußfülle, mit Fleisch, mit Eis usw.

Eierschmarrn
(Rezept aus der Mondseer Gegend)
½ l Milch, 3 Eier, 4 Eßlöffel Mehl, Salz

Man rührt Milch und Dotter schaumig, dann gibt man der Reihe nach immer wieder einen Eßlöffel Mehl dazu (bis zu 4 Eßlöffeln), salzt, schlägt den Schnee von 3 Eiern und mischt ihn vorsichtig unter die Masse. In einer Pfanne wird nun Fett heiß gemacht und der Teig hineingegeben. Nach ca. 5 Minuten wendet man den Teig und zerreißt ihn in mittelgroße Stücke. Man zuckert den Schmarrn und serviert ihn mit Kompott.

Spanischer Wind
4 Eiklar, 280 g Staubzucker

Die Eiklar werden zu festem Schnee geschlagen. Ein Drittel der Zuckermenge schlägt man zu dem festen Schnee, die übrige Zuckermenge rührt man mit dem Kochlöffel unter die Masse, füllt sie in einen Dressiersack und spritzt damit auf Oblaten beliebige Formen. Im lauwarmen Rohr eher trocknen als backen lassen.

fig . *13*

Getränke

Most, die „Landessäure", war und ist das übliche Getränk im bäuerlichen Bereich vom Mostviertel im angrenzenden Niederösterreich bis zur bayerischen Grenze. Die großen Obstbäume, von denen die abgefallenen Äpfel und Birnen zur Mosterzeugung gesammelt werden, sind auch heute noch ein typisches Merkmal der heimischen Landschaft. Selbstverständlich wurden die schönen Äpfel und Birnen aus dem Obstgarten als Edelobst gegessen oder für Apfelstrudel und Apfelspalten u. ä. verwendet. Für die unscheinbaren Äpfel und Birnen jedoch hat man große geschnitzte Mostpressen geschaffen, die heute noch als Zierstücke in Bauernhöfen, aber auch in manchen Speisesälen der Hotels zu sehen sind.

Most

²/₃ Birnen, ¹/₃ Äpfel

Birnen und Äpfel werden gewaschen, in der Obstmühle zerkleinert und in der Presse gepreßt. Der Saft aus der Presse wird in Flaschen oder Fässer abgefüllt und eine Zeitlang offen gelassen, bis der Gährungsprozeß vorbei ist.

Der frischgepreßte Most wird als „Süßmost" bezeichnet. Man soll sich aber nicht verleiten lassen, ihn in großen Mengen zu trinken, da dies Folgen in allzu leichter Verdauung haben kann. Wird der Most trüb, spricht man von „Sturm", der auch wegen seines Alkoholgehaltes Nachwirkungen haben kann. Jeder Bauer ist stolz auf das klare, immer etwas säuerliche Endprodukt, und Kenner wissen, wo man „den Most holt".

Auch wenn Sie ausgiebig kosten – Sie werden trotzdem kein „Mostschädel" (wie man spöttisch die Innviertler nennt).

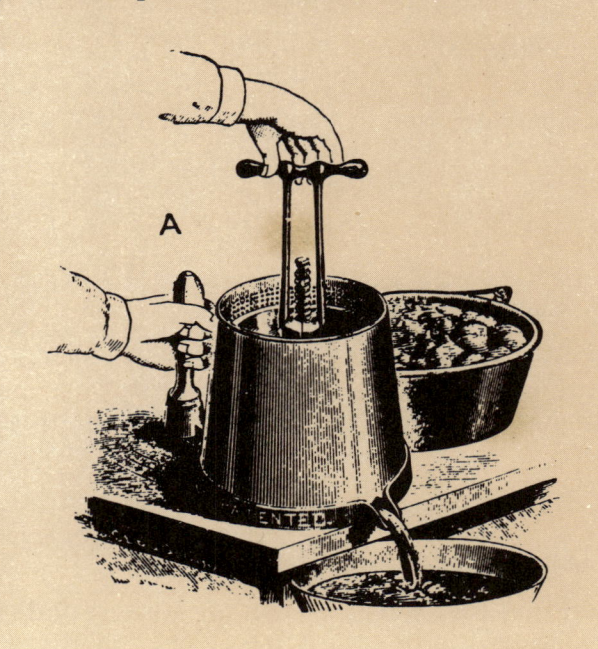

Milch mit Weinbrand

⅛ l Milch, ⅛ l Obers, 1 Dotter, 1 Löffel Kognak

Obers und Milch kocht man ab. Nach dem Erkalten rührt man Dotter und Weinbrand dazu.

Milchpunsch

¼ l Milch, ¼ l Obers, 50 g Zucker, 2 Dotter, 1/16 l Kognak

Obers, Milch und Zucker werden gekocht. Die Eidotter mit einigen Löffeln Obers versprudeln, die kochende Milch langsam dazurühren und so lange versprudeln, bis sie kalt ist. Dann gibt man den Kognak dazu.

Kanarienmilch

2 Dotter, ½ l Milch, 50 g Zucker, 1 Paket Vanillezucker

Dotter, Milch und Zucker werden über Dampf schaumig geschlagen.

Kanarienmilch serviert man in Oberösterreich zu Wuchteln (Buchteln).

Bierflip

1 Ei, 1 Teelöffel Zucker, Zitronensaft, ⅛ l dunkles Bier, geriebene Zitronenschale

Das Ei wird mit einem Teelöffel Staubzucker schaumig gerührt, dann gibt man den Zitronensaft dazu und rührt das Bier langsam ein. Zum Schluß bestreut man das Getränk mit geriebener Zitronenschale.

Eidotter mit Bier

2 Dotter, 30 g Zucker, ¼ l Bier

Dotter, Zucker und Bier werden schaumig gerührt und versprudelt.

Dieses Getränk wurde oftmals zur Stärkung nach Krankheiten getrunken

Gemüseschnaps

*3 Gläschen Gemüse- oder Paradeiessaft, Petersilie,
1 Gläschen Kornschnaps*

Man vermischt Gemüsesaft und Kornschnaps. Man serviert ihn eisgekühlt und bestreut ihn vorher mit Petersilie.

Weinlikör

*3/4 l Rotwein, 500 g Zucker, 2 Pakete Vanillezucker,
1/2 l Rum*

Rotwein und Zucker zum Kochen bringen und fest umrühren. Ausgekühlt, gibt man Vanillezucker und Rum dazu und mischt alles gut ab.

Bierlikör

1 Flasche dunkles Bier, 250 g Zucker, 1 Paket Vanillezucker, knapp 1/8 l Weingeist

Man kocht Bier, Zucker und Vanillezucker ca. 20 Minuten. Nach dem Auskühlen wird der Weingeist darunter gemischt.

Eierlikör

4 Dotter, 80 g Zucker, 1/16 l abgekochtes Obers, 1/4 l Weinbrand

Die Eidotter werden mit dem Zucker schaumig gerührt. Dann mischt man das Obers dazu und versprudelt die Masse auf kleiner Flamme zu einer dicken Creme. Wenn sie ausgekühlt ist, rührt man den Weinbrand dazu.

Kaffeelikör

400 g Zucker, 1/2 l Wasser, 50 g Bohnenkaffee, 1/4 l Weingeist

Zucker in Wasser spinnen und Bohnenkaffee dazugeben. Alles auskühlen lassen und 1/4 l Weingeist dazugeben.

Bier-„Schodo"

1 Ei, 25 g Zucker, ¹/₁₀ l dunkles Bier

Zubereitung über dem Wasserbad! Ei und Zucker über dem Wasserbad schaumig schlagen. In die schaumige Flüssigkeit das Bier unter weiterem Rühren gießen.

Heiß servieren!

Weinchaudeau

¹/₈ l Weißwein oder Most, 120 g Zucker, 4 Dotter

Das Weinchaudeau war in Oberösterreich als Krankenkost sehr beliebt, denn es kräftigt, ohne den Magen allzusehr zu belasten.

Wein, Dotter und Zucker werden über Wasserdampf geschlagen, bis die Masse zu steigen beginnt. Nun nimmt man den Topf vom Feuer und schlägt weiter, bis das Chaudeau dicklich wird. Dann bringt man die Speise noch warm auf den Tisch.

Notizen & weitere Rezepte:

Speisen und Getränke Tariff im Gasthofe zum rothen Krebs in Linz — Sebastian Vogl, Theater

Gemüse.
	fl. kr.
Eingefl mit Lentten	12
Gemachte Eingefl	12
Sauer Kraut	

Eingemachtes.

Mehlspeisen.
Süinschen Omelette

Eierspeisen.
Genischte Eier
Gefüllte Eier
Eier Käff
Omelette soufflé
1 Nord Eier

„Könnt ich danken, wie ich sollte,
Könnt ich danken, wie ich wollte,
Müßt ich an den Himmel greifen,
Alle Sterne niederstreifen
Und sie Dir zu Füßen legen
Deiner Linzer Torte wegen ....

Inhaltsverzeichnis

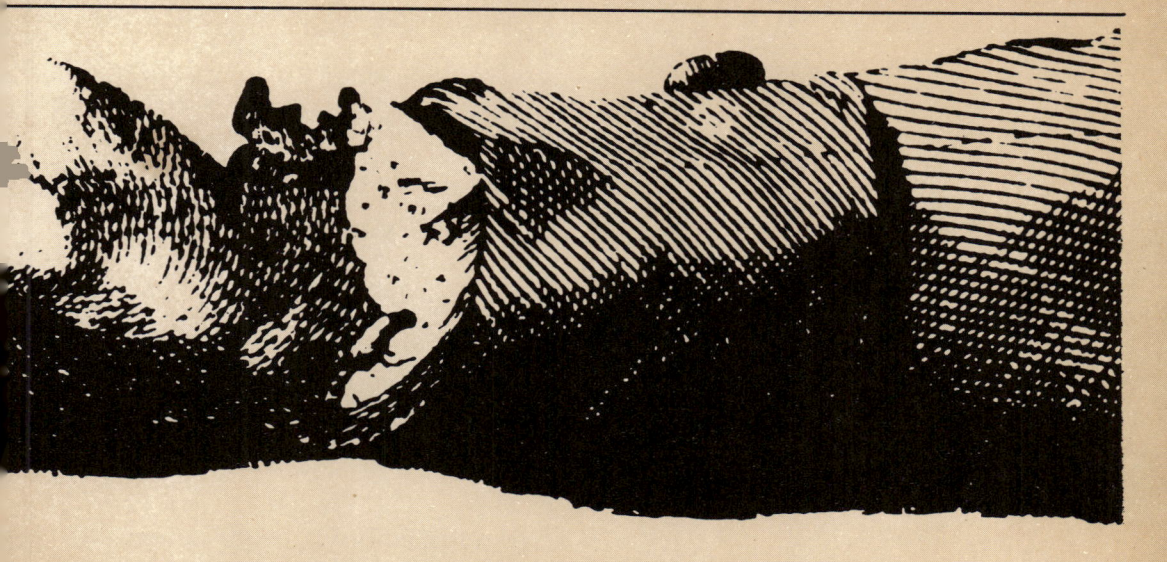

„Dennoch würd' ich gar nichts sagen,
Würde schweigend in mir tragen
Die Empfindung der Verpflichtung.
Was ist Kunst und was ist Dichtung,
Was sind aller Dichter Worte
Gegen eine Linzer Torte!"

ABC für Nicht-Oberösterreicher

A

Absprudeln — Verquirlen

B

Brösel — Paniermehl

D

Dampferl — Gemisch aus Milch, Hefe, Mehl
Dotter — Eigelb

E

Eierschwammerln — Pfifferlinge
Einbrenn — Mehlschwitze
Erdäpfel — Kartoffeln

F

faschieren — durch den Fleischwolf drehen
Faschiertes — Hackfleisch
Fleckerl — kleine Quadrate aus Nudelteig

G

Germ — Hefe
Geselchtes — Rauchfleisch
Grammeln — Grieben
Gugelhupf — Napfkuchen

H

Heidelbeeren — Blaubeeren

J

Jause — Brotzeit

K

Karfiol — Blumenkohl
Knödel — Klöße
Kohl — Wirsing
Kohlrabi — Kohlrübe
Kren — Meerrettich
Klar — Eiweiß

L

Lungenbraten — Filetsteak

M

Marillen — Aprikosen
Most — Obstwein aus Äpfeln u. Birnen

N

Nockerl — Spätzle
Nudelwalker — Rollholz

O

Obers — Sahne

P

Palatschinken — dünne Pfannkuchen
Paradeiser — Tomaten
Powidl — Pflaumenmus

R

Rahm — saure Sahne
Ribiseln — Johannisbeeren
Rahmgmachtl — Brei aus saurer Sahne u. Mehl
Rammerl — Backkrusten

S

Sauce	Tunke
Schlagobers	geschlagene süße Sahne
Schmarrn	in kleine Stücke zerteilte Speise
Schwammerln	Pilze
Selchfleisch	Räucherfleisch
Semmelbrösel	Paniermehl
Senf	Mostrich
Staubzucker	Puderzucker
Strudel	gerollter Kuchen mit Füllung

T

Topfen	Quark

W

Wurzelwerk	Karotte, Petersilie, Porree und Sellerie
Weinkraut	Weißkohl

Z

Zeller	Sellerie
Zwetschken	Pflaumen

Suppen und Suppeneinlagen

Brennsuppe oder Einbrennsuppe	10
Eintropfsuppe	10
Einmachsuppe	11
Kartoffelsuppe	11
Schwammerlsuppe	11
Beuschelsuppe	12
Rahmsuppe	12
Kohlsuppe	12
Reibgerstlsuppe	13
Panadelsuppe	13
Hirnsuppe	13
Frittatensuppe	13
Leberknödelsuppe	14
Zwiebacksuppe (als Diätsuppe)	14
Grießsuppe (als Diätsuppe)	14

Fleischspeisen, Wild, Geflügel

Rauberbraten	19
Krenfleisch aus der Schärdinger Gegend	19
Innviertler Krenfleisch	20
Gekochter Schweinskopf	20
Geschnetzeltes Kalbfleisch	21
Faschierter Jägerbraten	21
Linzer Eintopf	21
Steyrer Flößerbraten	22
Kremstaler Mostbraten	22
Fasan, gespickt	23
Gespickter Reh- oder Hasenrücken	23
Gebackene Hühnerleber	24
Gansleber mit Reis	24
Gebratene Ente	24
Gebratene Gans	25
Gefüllte Gans	25
Geflügelreis	26

Fischgerichte

Forelle blau — Rezept aus der Linzer Gegend	30
Gebackene Forellen	31
Karpfen (gebacken)	31
Dorschfilet in Backteig	32
Fisch im Hemd	32

Innereien und Kleingerichte

Geröstete Nierndl	36
Kalbsnieren mit Hirn	36
Hirn, gebacken	37
Leberpunkel oder Leberschedl	37
Katzengeschrei — Rezept aus der Eferdinger Gegend	37
Katzengeschrei/Katzengschroa — Rezept aus dem Innviertel	38
Grüne Rindszunge	38
Minutenfleisch	38
Faschiertes mit Makkaroni	39
Reisfleisch	39
Spaghetti-Auflauf	40
Semmelböller	40

Pilze, Gemüse, Erdäpfelgerichte

Eierschwammerl mit Ei	45
Champignons mit Rahm	45
Gedünstete Champignons	45
Herrenpilze (Steinpilze) in Rahmsauce	46
Kohlgemüse, gedünstet	46
Krautrüben	46
Krautrouladen	47
Gebackener Karfiol	47
Krautspatzen	48
Gefüllte Kohlrabi	48
Gefüllte Paprika	49
Erdäpfelteig	50
Mühlviertler Sterz	50
Eingebrannte Erdäpfel	51
Erdäpfelkäs	51

Nudeln und Nockerln

Mühlviertler Topfennudeln	56
Erdäpfelnudeln	57
Gebackene Erdäpfelnudeln nach Mühlviertler Art	57
Mohnnudeln aus Erdäpfelteig	57
Bröselnudeln	58
Nockerln (Grundrezept)	58
Wasserspatzen	58
Holzknechtnocken	59
Schneenockerln	59
Eiernockerln	59
Nockerln in der Milch	60

Knödel

Semmelknödel	65
Erdäpfelknödel	65
Mehlknödel oder stauber'te Knödel	66
Grammelknödel	66
Ghackknödel	67
Gebackene Speckknödel aus dem Mühlviertel	67
Speckknödel aus dem Innviertel	68
Steyrische Hochzeitsknödel	68
Durcheinanderknödel	69
Räuberknödel	69
Grießknödel	70
Polentaknödel	70
Topfenknödel	71
Marillenknödel aus Topfenteig	71
Zwetschkenknödel aus Erdäpfelteig	72

Mehl- und Süßspeisen

Buchteln (Wuchteln)	77
Gebackene Mäuse	77
Wespennester aus der Innviertler Küche	77

Wespennester aus der Mühlviertler Küche	78
Linzer Gugelhupf	78
Marillen- oder Kirschenkuchen	79
Linzer Augen	79
Osterwecken	79
Österliche Wachsstöcke aus Germteig	80
Apfelspalten oder Apfelradeln, gebacken	80
Scheiterhaufen	80
Scheiterhaufen aus dem Mühlviertel	81
Pofesen oder Zwetschkenpofesen	81
Hasenöhrl	82
Rumkugeln	82

Torten und Schnitten

Linzer Torte I (mit Mandeln)	87
Linzer Torte II (mit Mandeln)	87
Linzer Torte III (ohne Mandeln)	88
Gmundner Torte	88
Kleine Schokoladetorte	89
Nußtorte	89
Ribiselschnitten	90
Linzer Schnitten	90
Dattelschnitten	91
Nußschnitten	91
Schokoladeschnitten	92

Krapfen und Krapferln

Bauernkrapfen aus Germteig	97
Faschingskrapfen aus Germteig	98
Ischler Krapferln	98
Gramastettner Krapferln	100
Erdäpfelkrapferln	100

Strudel, Tascherln und Schmarrn

Strudelteig	105
Apfelstrudel	105
Topfenstrudel	106
Nußstrudel, Mohnstrudel	106
Topfenblätterteig für Marmelade- oder Apfeltascherln	107
Grießschmarrn aus dem Mühlviertel	107
Grießschmarrn aus dem Traunviertel	107
Semmelschmarrn	108
Ischler Schmarrn	108
Speckschmarrn	108

Eierspeisen

Eierkäse	113
Grießauflauf	114
Palatschinken	114
Topfenpalatschinken	114
Eierschmarrn	115
Spanischer Wind	115

Getränke

Most	119
Milch mit Weinbrand	120
Milchpunsch	120
Kanarienmilch	120
Bierflip	120
Eidotter mit Bier	120
Gemüseschnaps	121
Weinlikör	121
Bierlikör	121
Eierlikör	121
Kaffeelikör	121
Bier-,,Schodo"	122
Weinchaudeau	122

Wenn Sie sich für weitere Bücher aus unserem Verlag interessieren, schreiben Sie uns oder fragen Sie Ihren Buchhändler. Nachdem Sie dieses Buch kennengelernt haben, werden Ihnen sicher auch unsere anderen Titel zusagen, wobei Sie diejenigen, die wie das vorliegende Buch auch zur Landschaftsserie gehören, alle zu dem gleichen Preis erwerben können.

Das Kochbuch aus Baden
Das Kochbuch aus dem Bergischen Land
Das Kochbuch aus Berlin
Das Kochbuch aus Bremen
Das Kochbuch aus der Eifel
Das Kochbuch aus Franken
Das Kochbuch aus Hamburg
Das Kochbuch aus dem Harz
Das Kochbuch aus Hessen
Das Kochbuch aus der Lüneburger Heide
Das Kochbuch aus Mecklenburg, Pommern und Ostpreußen
Das Kochbuch von der Mosel
Das Kochbuch aus München und Oberbayern
Das Kochbuch aus den Münsterland
Das Kochbuch aus Niederbayern
Das Kochbuch vom Niederrhein
Das Kochbuch aus Niedersachsen
Das Kochbuch vom Oberrhein
Das Kochbuch aus Ostfriesland
Das Kochbuch aus der Pfalz
Das Kochbuch aus dem Rheinland
Das Kochbuch aus dem Ruhrgebiet
Das Kochbuch aus dem Saarland
Das Kochbuch aus Schleswig-Holstein
Das Kochbuch aus Schwaben
Das Kochbuch aus dem Schwarzwald
Das Kochbuch aus Westfalen

Das Kochbuch aus dem Burgenland
Das Kochbuch aus Niederösterreich
Das Kochbuch aus Salzburg
Das Kochbuch aus der Steiermark
Das Kochbuch aus Tirol
Das Kochbuch aus Vorarlberg
Das Kochbuch aus Wien

Das Kochbuch aus Basel
Das Kochbuch aus dem Bernbiet
Das Kochbuch aus Graubünden
Das Kochbuch aus der Innerschweiz
Das Kochbuch aus der Ostschweiz
Das Kochbuch aus dem Tessin
Das Kochbuch aus dem Wallis
Das Kochbuch aus der Westschweiz
Das Kochbuch aus Zürich
Das Kochbuch aus der Schweiz

Das Kochbuch aus Italien
Cookbook from Munich and Bavaria
Cookbook from Tyrol
Cooking in Switzerland
Cookbook from Berlin
Cookbook from Vienna

In der Reihe Hölkers kleine Küchenbibliothek sind erschienen:

Österreichische Küchenschätze
Bayerische Küchenschätze
Berliner Küchenschätze
Elsässer Küchenschätze
Fränkische Küchenschätze
Hessische Küchenschätze
Münsterländische Küchenschätze
Norddeutsche Küchenschätze
Pfälzisch-Saarländische Küchenschätze
Rheinische Küchenschätze
Salzburger Küchenschätze
Schwäbische Küchenschätze
Schweizer Küchenschätze
Tiroler Küchenschätze
Westfälische Küchenschätze
Wiener Küchenschätze

Das kleine Backbuch für Kuchen und Torten
Das kleine Brotbackbuch
Das kleine Buch der Heilkräuter
Das kleine Buch der Küchenkräuter
Das kleine Buch der Wildgerichte
Das kleine Camping-Kochbuch
Das kleine Fischkochbuch
Das kleine jüdische Kochbuch
Das kleine Kochbuch für 1 Person
Das kleine Kochbuch aus Rothenburg o. d. T.
Das kleine Rumtopfbuch
Das kleine Schnapsbuch
Das kleine vegetarische Kochbuch
Das Schinderhannes-Kochbuch
oder: **Das kleine Kochbuch aus dem Hunsrück**
Die kleine Einmachküche

Brotzeiten
Katerfrühstück
Schnelle Gedecke für 2
Meine Küchenschätze
Meine Schätze aus der Vollwertküche
Vollwert-ABC für Leckermäuler
Wildfrüchte – selbst gesammelt und zubereiten

Fragen Sie Ihren Buchhändler oder schreiben Sie uns:
Wir schicken Ihnen gern unser Verlagsverzeichnis.

Theater u: obere Prome[nade]